AF357085

HISTOIRE

DE LA

PEINTURE ET DE LA SCULPTURE

PAR

SLEECKX

PROFESSEUR A L'ÉCOLE NORMALE DE LIERRE (BELGIQUE)

PARIS

N.-J. PHILIPPART, ÉDITEUR,

RUE HONORÉ-CHEVALIER, 4

ET DANS LES DÉPARTEMENTS

CHEZ TOUS LES LIBRAIRES.

1861

TABLE DES MATIÈRES

Paris. — Typographie A. Wittersheim, imprimeur du Mont-de-Piété,
rue Montmorency, 8.

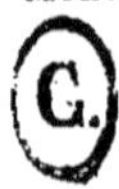

HISTOIRE

DE LA

PEINTURE ET DE LA SCULPTURE

CHAPITRE I

LA PEINTURE ET LA SCULPTURE CHEZ LES ANCIENS

Il serait difficile de dire avec quelque certitude quel fut celui des peuples anciens qui précéda les autres dans la culture des arts de la peinture et de la sculpture. Les habitants du centre et de l'extrémité méridionale de l'Asie, les Indiens, ont laissé des monuments qui remontent à une très haute antiquité. D'un autre côté, nous savons que les arts avaient fait des progrès considérables en Egypte, dès le règne de Sésostris, qui, à ce qu'assurent la plupart des chronologistes, vivait environ trois siècles avant la guerre de Troie. A cette époque, la fameuse Thèbes aux cent portes était une ville splendide, riche en monuments de toute espèce, comme le prouvent suffisamment les obélisques et autres restes de sa grandeur passée, transportés en Europe depuis les Romains jusqu'à nos jours. Les Chaldéens commencèrent, longtemps avant les Grecs et probablement peu de temps après les Egyptiens, à représenter leurs divinités, leurs rois et leurs héros à l'aide de la sculpture, et l'on a découvert et placé dans nos musées des échantillons précieux de l'art chez les Assyriens. Nous possédons des antiquités retrouvées à Ninive et à Babylone, qui nous indiquent clairement la façon dont la sculpture était pratiquée dans ces célèbres cités, il y a plus de trois mille ans. Faisons observer en passant que, dans les figures assyriennes représentées de face, les jambes sont de profil, comme dans les têtes de profil les yeux sont de face, et que, malgré cette singulière disposition de quelques-unes de leurs parties, ces curieux restes d'un art et d'une civilisation disparus depuis tant de siècles révèlent parfois une science profonde de l'anatomie et d'autres qualités dignes des beaux temps de la Grèce.

On ne connaît rien de l'art des Hébreux. Il en est à peu près ainsi de l'art des Phéniciens, dont il ne reste d'autres vestiges qu'un petit nombre de médailles carthaginoises. On sait que la loi de Moïse défendait aux Juifs la représentation de la Divinité sous une forme humaine, et la Bible nous apprend que, sous le règne de Salomon et de ses successeurs, on faisait venir de Tyr et de Sidon des artistes pour élever et décorer les monuments. Malheureusement nous en sommes réduits aux conjectures pour ce qui regarde le caractère et le degré de perfection des ouvrages exécutés par ces étrangers. Nous connaissons mieux l'art des Mèdes et des Perses, dont on possède des bronzes, des marbres et des pierres gravées. C'est à tort, croyons-nous, que quelques écrivains ont prétendu que les artistes perses se gardaient soigneusement d'indiquer le nu sous les riches draperies dont ils couvraient leurs figures. Plusieurs des bas-reliefs retrouvés à Persépolis nous offrent des exemples qui démentent complétement cette assertion.

A propos des antiquités perses, assyriennes, indiennes, chinoises et même égyptiennes et grecques, nous devons répéter une observation qui a été faite souvent. Dans ces ouvrages, les animaux sont toujours représentés très petits relativement aux figures humaines. On a voulu voir dans cette disproportion une preuve de l'existence d'animaux plus petits chez les peuples anciens. Nous aimons mieux nous ranger à l'avis de ceux qui pensent que l'arbitraire de ces proportions devait servir plutôt à exprimer l'infériorité de la nature des animaux par rapport à celle des dieux et des hommes.

Une mention particulière revient de droit à l'art étrusque. A une époque très reculée, les habitants de cette partie de l'Italie que l'on a appelée d'abord l'Etrurie et qui correspond à la Toscane actuelle, avaient porté la culture des arts à un haut degré de perfection. Ainsi, nous possédons des productions artistiques étrusques dont la date est certainement antérieure au temps où les Grecs commencèrent à peine à régulariser leurs statues, l'ordonnance de leurs groupes et les figures de leurs tableaux. Il y avait même en Etrurie une ville appelée *Volsinium*, c'est-à-dire *la ville des Artistes.* Elle porte aujourd'hui le nom de *Bolsène*. Lorsque les Romains s'emparèrent de cette cité, ils y trouvèrent un si grand nombre de statues, qu'ils purent en expédier à Rome plus de *deux mille*. Les Étrusques, qui étaient d'origine pélasgique, comme les Grecs, continuèrent à cultiver les arts sous la domination romaine. Cependant ils perdirent peu à peu leur originalité et finirent par se borner à imiter les Grecs, devenus alors les premiers artistes peintres et sculpteurs du monde entier. Il ne nous reste d'autres tableaux des peintres de l'Etrurie que ceux qui ont été découverts dans les tombeaux de Corneto, Vulci, Cere et Tarquinii. Ces tableaux, ou plutôt ces peintures murales, représentent le plus souvent des scènes se rapportant au culte des morts. D'autres fois elles nous donnent une idée de la vie publique et privée des Etrusques. Ce sont ou des fêtes, des chasses, des courses de chars ou bien des luttes, des danses, etc. Les superbes vases connus sous le nom de *vases étrusques* suffiraient à nous initier aux progrès artistiques de ce peuple. Malheureusement il est prouvé aujourd'hui que les plus beaux de ces vases n'ont d'étrusque que le nom, et proviennent, pour le plus grand nombre, de cette partie de la Péninsule italique que l'on appelait anciennement la Grande Grèce.

Bien qu'il soit difficile, comme nous l'avons dit, d'établir avec certitude quel est celui de tous ces peuples chez lequel les deux arts ont fleuri à l'époque la plus reculée, quel est celui qui, le premier, a trouvé le moyen de reproduire la forme humaine et tous les objets qui tombaient sous sa vue, en employant des couleurs ou en taillant le bois, le marbre et la pierre, on est assez généralement d'accord pour attribuer aux Egyptiens l'invention de la sculpture et de la peinture. C'est en effet en Egypte que l'on rencontre les monuments d'architecture les plus anciens, et, comme la plupart de ces monuments étaient couverts de bas-reliefs et de peintures murales, on en a conclu que les habitants des bords du Nil avaient devancé toutes les nations de l'Orient dans l'art de compléter leurs temples, leurs tombeaux et leurs palais au moyen de ces ornements.

Du reste on ignore même l'époque où la peinture fut inventée en Grèce. Pline prétend qu'elle ne l'a été que plusieurs siècles après la guerre de Troie ; mais d'autres lui donnent une origine beaucoup plus ancienne, parce que, d'après Pausanias, la Grèce possédait des statues avant cette guerre, et qu'il n'est pas à présumer que la statuaire ait précédé de plusieurs siècles un art qui a tant d'analogie avec elle. Selon Aristote, l'invention de la peinture serait due à Euchir, parent du statuaire Dédale, qui vivait cent ou deux cents ans avant la chute d'Ilion. Selon d'autres, Cléanthes eut le premier l'idée de tracer une silhouette, Théléphanes inventa le dessin linéaire, Ecphantos la peinture monochrome, et Eumaros chercha, avant tous les autres, à établir par le dessin une distinction entre l'homme et la femme. Nous ne citons que pour mémoire l'histoire de la fille du potier Dibutade, laquelle, selon la tradition, aurait trouvé l'art du dessin et par conséquent la peinture, en faisant sur un mur la silhouette de son amant.

Ce qui paraît certain, c'est que chez tous les peuples anciens la sculpture a précédé la peinture, comme l'architecture les a précédées toutes les deux. Il n'y a là rien qui doive nous étonner. Comme on le fait remarquer avec raison, pour modeler, il suffit d'avoir une idée d'un objet quelconque, tandis que pour dessiner et pour peindre il faut nécessairement d'autres connaissances.

Il résulte de ce que nous venons de dire que nous n'avons que des notions assez vagues, non-seulement sur l'origine, mais encore sur la marche et les progrès de la peinture et de la sculpture chez la plupart des peuples anciens. Aussi peut-on admettre, avec l'immense majorité des écrivains, que l'histoire de l'art ne commence réellement qu'avec les Grecs. Comme partout ailleurs, on représenta d'abord, dans la patrie de Phidias, les divinités et les héros par des blocs informes ou des pierres façonnées grossièrement. Plus tard, on plaça des têtes sur ces blocs à peine équarris. C'est l'origine des Hermès, que l'on retrouve dans plusieurs pays. Dédale fut le premier à séparer la partie inférieure de ces blocs de façon à lui donner la forme de jambes. Cet artiste, qui, ainsi que nous venons de le voir, vivait un ou deux siècles avant la guerre de Troie, taillait ses statues dans le bois. L'un de ses contemporains, Smilis, produisit deux statues de Junon mentionnées dans l'histoire. A dater de cette époque, on commença également à ouvrir les yeux des statues et à donner du mouvement aux bras, qui jusqu'alors ne se détachaient pas du corps.

Dédale eut un élève du nom d'Eudœus. Les seuls monuments que l'on ait conservés de ce temps presque fabuleux consistent en deux lions placés au-dessus de l'entrée principale de l'ancienne citadelle de Mycènes, et en une statue colossale de Niobé, au mont Sipylos, en Lydie. Nous ne trouvons d'autres traces des productions artistiques des siècles qui précèdent immédiatement la guerre de Troie que dans les poëmes d'Homère.

Après Dédale et ses contemporains, l'île de Rhodes eut quelques artistes célèbres. Pendant la neuvième olympiade, environ quatre siècles après l'expédition des rois grecs, le sculpteur Gitiadas florissait à Sparte. Il nous reste de lui et de ses successeurs un certain nombre de médailles et quelques statues. La plus ancienne de ces statues est une Pallas, conservée à la villa Albani[1]. Les sculpteurs de cette première période de l'art grec parvinrent à un haut degré d'habileté d'exécution. A un dessin dur mais expressif, ils joignaient une grande énergie et un fini minutieux. Malgré des défauts réels, leurs ouvrages n'étaient pas dépourvus de grandeur ni de majesté. Parmi ces sculpteurs on cite Ageladas, d'Argos, qui vivait au commencement du v° siècle avant J.-C.; Aristoclès, fondateur d'une école célèbre ; Canachos, auteur d'une statue colossale d'Apollon, à Milete; Callon et Onatas, à qui l'on dut plusieurs groupes en bronze relatés chez les anciens historiens ; enfin Hegias et Critios. Ce dernier produisit un groupe représentant Harmodius et Aristogiton qui avaient tué Hipparque, roi d'Athènes (514 av. J.-C.), pour venger le crime dont leur sœur avait été victime. Ces statues furent les premières faites en l'honneur de particuliers ; certaines médailles peuvent en donner une faible idée. Ageladas eut pour élèves trois sculpteurs grecs des plus renommés, Phidias, Myron et Polyclète, dont nous parlerons plus loin.

La peinture joue un rôle peu important durant cette première période de la statuaire grecque. Bularque, peintre habile, dont les tableaux étaient, dit-on, payés au poids de l'or, vivait vers la dix-huitième olympiade. C'est à peu près le seul nom marquant que l'on rencontre dans un espace de temps assez long. La raison en est très simple : la peinture

---

[1] Cette Pallas était en marbre; il ne faut pas la confondre avec la Pallas en ivoire et en or, attribuée à Phidias et qui est également placée à la Villa-Albani.

antique s'identifiait tellement avec la sculpture, à son origine du moins, que les deux arts se confondaient nécessairement. Chez les Égyptiens, chez les Étrusques, et chez d'autres peuples, la peinture débuta par le bas-relief, sur lequel on étendait la couleur. Ce ne fut que bien plus tard que l'on supprima le relief, de manière qu'il ne restât que le contour. Dans l'intérieur de ce dessin on appliquait la couleur. Les tableaux des premiers peintres grecs, déjà plus avancés que les Égyptiens et les Étrusques, conservèrent néanmoins ce caractère et ne furent, à vrai dire, que des espèces de sculptures coloriées. Polygnote de Thasos passe, auprès de quelques historiens, pour le véritable inventeur de la peinture, bien qu'il vécût dans la seconde période de la sculpture, probablement parce qu'il ne se bornait pas à imiter la statuaire. Pline nous apprend que le premier il osa ouvrir la bouche à ses figures, laisser voir leurs dents et changer la raideur de leurs attitudes. Cet art ne tarda pas à se perfectionner, grâce à Micon, contemporain de Polygnote, à Agathoclès et à Apollodore d'Athènes, à Euphranor, de Corinthe, et surtout à Zeuxis et à Parrhasius, comme nous le verrons tout à l'heure.

Cependant la sculpture n'était pas restée stationnaire. Après la bataille de Marathon, la ville d'Athènes devint le siége des arts et des lettres en Grèce. La défaite des Perses servit au développement des uns et des autres ; on entreprit de grands travaux, qui hâtèrent les progrès de l'architecture et de la sculpture. Les statuaires les plus célèbres de ce temps furent Phidias, Myron et Polyclète, tous les trois élèves d'Ageladas ; Glaucias, Agénor, Alcamène, Agoracrite, Pâanios et Colotes. De tous ces maîtres, Phidias fut le plus grand, non-seulement par l'exécution matérielle, mais encore par les tendances élevées de ses œuvres. Phidias représente en sculpture le style sublime, représenté en peinture par Polygnote, de Thasos, que nous venons de citer, et dont les productions eurent une influence si considérable, non-seulement sur ses contemporains, mais encore et surtout sur ses successeurs.

De cette nouvelle période de la statuaire date une transition qui fit faire à l'art des progrès remarquables. Du style ancien on passa à celui qui, sans être moins grandiose, moins sévère, moins majestueux, était cependant moins raide, moins guindé, partant plus près de la nature et de la perfection. C'est ce que l'on a appelé le style sublime, et Phidias, chargé d'exécuter les grands projets de Périclès, fut le principal promoteur de ce changement, et devint ainsi le chef d'une brillante phalange d'artistes. Il débarrassa la statuaire de tout ce qu'elle avait de conventionnel, et s'attacha à reproduire la nature dans ce qu'elle a de plus noble et de plus élevé. Ses ouvrages les plus célèbres furent les statues de Pallas et de Jupiter Olympien, toutes deux en or et en ivoire. La première avait quarante pieds de haut et la dernière cinquante-huit. Ainsi que dans toutes les productions de ce genre, l'ivoire représentait les chairs, et l'or les draperies et les autres ornements. Phidias produisit en outre un nombre immense de statues, de groupes et de bas-reliefs, et travailla longtemps, avec ses disciples et ses amis, à décorer le Parthénon. On croit que les sculptures de la frise de ce fameux temple sont de lui.

Phidias naquit à Athènes 500 ans avant J.-C. et mourut à l'âge de 68 ans. Il avait d'abord étudié la peinture. Ami de Périclès, il fut accusé vers la fin de sa vie par les ennemis de ce grand homme, et condamné à la prison. On présume qu'il y mourut empoisonné.

Polyclète, un peu plus jeune que Phidias, fonda une école de statuaires à Argos. Quant à Myron, il vécut à Athènes et y travailla principalement. C'est à lui que l'on doit le fameux *Discobole* du palais Massimi, à Rome. Il ne nous reste des contemporains de Phidias qu'un petit nombre de productions, mais elles suffisent à démontrer que sous le rapport matériel l'art était déjà à son apogée, et que les statuaires du style sublime connaissaient tous les moyens mécaniques auxquels nos statuaires actuels ont recours. Loin de se contenter de travailler la pierre, le marbre et le bois, comme leurs prédécesseurs, ils employaient non-seulement l'ivoire et l'or, mais encore les pierreries pour orner leurs statues. La villa Albani possède une Pallas, et la villa Médicis une Niobé, qui peuvent donner une idée de ce que fut la sculpture de cette époque.

La période du style sublime finit à la cent deuxième olympiade. Alors commença une troisième période, celle du beau style. Elle dura jusqu'à la mort d'Alexandre (324 av. J.-C.). Les statuaires les plus renommés qu'elle ait vus naître sont Praxitèle, qui naquit à Athènes vers la fin du quatrième siècle avant J.-C., Scopas, de l'île de Paros, et Lysippe, chef des écoles d'Argos et de l'île de Sycione. Leurs ouvrages ont plus de grâce et de délicatesse que ceux de Phidias et de ses contemporains, mais on y chercherait vainement la majesté et la grandeur qui caractérisent les œuvres de l'ancien style, l'élévation et la beauté immatérielle qui éclatent dans celles du style sublime.

La grande réputation dont jouissaient quelques peintres du temps de Phidias et de Praxitèle a fait venir leur nom jusqu'à nous. Apollodore introduisit le premier les lumières et les ombres dans ses tableaux ; Pamphyle, de Sycione, marcha sur ses traces. Euphranor, de Corinthe, fut aussi grand peintre que grand sculpteur. Parrhasius et Zeuxis surpassèrent tous leurs contemporains comme tous leurs prédécesseurs. Nicias, d'Athènes, fut un artiste de mérite au jugement de Praxitèle lui-même. On connaît l'anecdote du défi porté par Parrhasius à Zeuxis. Celui-ci ayant peint des raisins avec tant de vérité que les oiseaux s'y trompèrent et vinrent les becqueter, Parrhasius peignit un rideau que Zeuxis fut tenté de soulever.

Le règne d'Alexandre le Grand fut le point culminant de la période du beau style. Pendant que ce conquérant étonnait le monde du bruit de ses exploits, la peinture et la sculpture continuèrent à produire des chefs-d'œuvre en Grèce. Le statuaire Lysippe et le peintre Apelles étaient les artistes favoris du vainqueur de Darius. Eux seuls avaient le droit de faire son portrait. Lysippe travaillait le bronze. Il prenait avant tout la nature pour guide. On prétend qu'il ne produisit pas moins de six cents œuvres capitales. De tout cela il ne nous reste rien. On croit que le fameux *Laocoon*, retrouvé dans les ruines du palais de Titus, à Rome, date de cette époque. Quant à Apelles, il fut non-seulement un grand artiste, le prince des peintres grecs de tous les temps, mais il a laissé en outre la réputation d'un excellent écrivain et trois volumes sur les règles de son art. Pline assure qu'il n'employait que quatre couleurs, ce qui ne l'empêchait pas de donner à ses figures un relief que les historiens qualifient de merveilleux. Parmi ses contemporains les plus illustres, on cite Aristide, de Thèbes, Protogène, de Rhodes, Nicomaque et Philoxène. Ces artistes et ceux que nous avons nommés jusqu'ici ne peignaient en général que des dieux et des déesses, des héros et des rois, et ne traitaient d'autres sujets que par exception. Les Grecs eurent cependant aussi ce que nous appelons des peintres de genre. Parmi ceux-ci se distinguèrent particulièrement Pireïcus, Dyonisius, Calliclès et Antiphile. Pireïcus peignait la nature morte et les intérieurs.

Après la mort d'Alexandre l'art grec commença à déchoir ; mais la décadence n'arriva pas brusquement. Les peintres et les sculpteurs qui vinrent immédiatement après Apelles et Praxitèle, ayant sous les yeux les superbes productions de leurs devanciers, purent sans grands efforts soutenir dignement la renommée de la Grèce pendant de longues années. Leurs successeurs mêmes brillèrent longtemps encore par l'excellence de leurs procédés matériels, par l'habileté et le fini de leur exécution. Ce ne fut que peu à peu, et à mesure que les Grecs perdirent leur indépendance, leur commerce, leurs richesses et tout ce qui avait fait leur grandeur dans les siècles passés, qu'ils virent leurs artistes décliner, perdre les traditions, le véritable sentiment du beau et du vrai, s'absorber dans l'amour exclusif de la forme, tomber dans l'afféterie, se décourager ou émigrer dans les pays environnants.

L'art grec sembla un moment vouloir renaître vers l'an 194 avant Jésus-Christ. Les Romains, ayant vaincu les Étoliens et les Macédoniens, feignirent d'avoir l'intention de rendre la liberté à la Grèce. Aussitôt la sculpture et la peinture se montrèrent disposées à recommencer à fleurir. Malheureusement ce moment de répit et cette espèce de renaissance ne furent pas de longue durée. Les conquérants se hâtèrent de transporter en Italie les plus beaux monuments de la splendeur artistique du peuple subjugué. Ce fut le dernier coup porté aux arts illustrés par tant de génies. Dès lors les Grecs, qui restèrent toujours de merveilleux ouvriers, perdirent la foi sans laquelle l'art ne saurait produire d'œuvres réellement belles et durables, et se bornèrent à pratiquer la sculpture et la peinture comme des métiers plus ou moins lucratifs.

Nous achèverons ce qu'il nous reste à dire de l'art des anciens, en traçant en quelques lignes l'histoire de la sculpture et de la peinture chez les Romains.

L'art des Romains ne fut en quelque sorte que la continuation de celui des Grecs. Comme Moïse, Numa Pompilius avait défendu de représenter la divinité sous une forme humaine. Il s'ensuivit que pendant très longtemps les Romains n'eurent pas de statues dans leurs temples, partant point de sculpteurs de leur nation. Tarquin le Superbe fut l'un des premiers à faire venir à Rome des artistes étrangers pour les charger de l'exécution de statues destinées à orner des monuments. Ces artistes étaient des Etrusques ; car, ainsi que nous l'avons vu, l'Etrurie se livra de bonne heure à la culture des arts. Les statues exécutées dans les premiers temps de la république, le furent probablement encore par des Étrusques ou par des Volsques. Ces statues étaient en bois ou en pierre, car le marbre ne fut employé que fort tard. On croit que la peinture fut cultivée à Rome pendant la seconde guerre punique, et Quintus Fabius reçut, dit-on, le surnom de *Pictor* parce qu'il s'occupait de cet art. Cependant il est presque certain que les Romains ne songèrent sérieusement à la peinture et à la sculpture qu'après la conquête de la Grèce. La vue des chefs-d'œuvre apportés de ce pays par Claudius Marcellus et Lucius Mummius leur donna le goût des statues et des tableaux. Bientôt ils ne se contentèrent plus des objets d'art rapportés par leurs généraux des pays conquis; ils voulurent à leur tour commander des ouvrages. N'ayant pas d'artistes chez eux, ils furent obligés de s'adresser aux étrangers, et, comme les Grecs, même à cette époque, étaient toujours les premiers artistes du monde, ce fut à Athènes qu'ils firent exécuter les productions destinées à orner leurs temples, leurs autres édifices publics, leurs maisons et leurs campagnes. En même temps ils firent venir à Rome des Grecs chargés d'enseigner la sculpture et la peinture. Nous ne voyons pas que ces maîtres aient fait de nombreux élèves parmi les vainqueurs du monde, car les artistes véritablement romains furent toujours très rares, et jusqu'au temps de César et d'Auguste les Romains se virent forcés de rester tributaires du peuple dont ils avaient détruit l'indépendance, et de lui demander les productions artistiques dont ils aimaient à s'entourer.

Sous Auguste, il y eut enfin quelque changement dans cet état de choses et on ne fut plus obligé d'aller en Grèce commander des statues, des groupes et des tableaux. Les dernières victoires de Lucullus, de Pompée et d'Auguste lui-même eurent pour résultat l'arrivée à Rome d'un grand nombre de prisonniers grecs, parmi lesquels se trouvaient beaucoup d'artistes. Dès lors on put faire travailler à Rome même. Parmi ces captifs on cite comme les plus célèbres les sculpteurs Alcamène, Evandre, Arcésilaus, Pasitèle, Criton et Nicolaus. Pendant ce temps, d'autres artistes, restés en Grèce, continuèrent d'y travailler. Les plus fameux furent le statuaire Zopyrus et le peintre Timomaque.

Sous les successeurs d'Auguste, l'art romain s'abaisse peu à peu. Sous Tibère il devient licencieux. Caligula voulut le détruire entièrement. Il faisait apporter à Rome des milliers de belles statues pour en briser les têtes et les remplacer par des têtes à son image. Claude et Néron avaient la prétention d'être des protecteurs éclairés des beaux-arts, auxquels ils ne firent que du mal. Ce dernier envoya en Grèce Acratus et Secundas Carinas pour y enlever ce qui restait de chefs-d'œuvre. Ces émissaires tirèrent du seul temple de Delphes plus de cinq cents statues de bronze. On croit qu'ils rapportèrent à Rome l'*Apollon du Belvédère*, attribué à Calamis, contemporain de Phidias. Galba, Othon et Vitellius ne s'inquiétèrent ni des arts ni des artistes, mais Vespasien les encouragea ainsi que Titus et même Domitien. Sous Trajan la sculpture et la peinture eurent quelques beaux jours. La colonne Trajane fut l'ouvrage le plus important entrepris sous le règne de cet excellent empereur. Sous celui d'Adrien on put croire un instant que tous les arts allaient refleurir, car ce prince fut non-seulement un Mécène pour les artistes, il fut artiste lui-même. Il fit bâtir le môle d'Adrien, monument gigantesque, décoré d'un quadrige en bronze de dimensions colossales. Il ne reste de ce mausolée, réellement digne d'un empereur romain, qu'une tour ronde, connue sous le nom de château Saint-Ange. Adrien entreprit aussi d'achever le temple de Jupiter Olympien et voulut même rendre à Athènes son ancien lustre. Le succès, comme on peut bien le supposer, ne couronna point ses efforts. Antonin, Marc-Aurèle et les empereurs qui vinrent après eux, virent recommencer et continuer la décadence. Sous Septime-Sévère l'art était déjà tellement déchu, qu'une nouvelle renaissance devenait impossible, et vers le milieu du IIIe siècle il touchait à la barbarie.

Chose digne de remarque, Rome, après avoir dépouillé à son profit la patrie de Phidias et d'Apelles de tous ses trésors artistiques, se vit à son tour dépouillée de ce qu'elle lui avait enlevé, au profit de Constantinople, lorsque le siége de l'empire fut transporté sur les rives du Bosphore. Longtemps après Constantin, on voyait dans l'église de Sainte-Sophie quatre cent vingt-sept statues, dont une partie venaient de Rome et le reste de la Grèce et de l'Asie Mineure. Sous les successeurs de cet empereur, on ne parle même presque plus de l'art, et quelques siècles plus tard il ne restait des productions innombrables ravies à Athènes et aux autres villes grecques, et transportées à Rome, à Byzance et ailleurs, que quelques rares débris. Toutes les autres avaient été détruites par les barbares, enlevées par les Sarrasins, ou mutilées et rendues méconnaissables par les iconoclastes.

Nous avons vu les Romains connaître et cultiver la peinture à une époque assez reculée. Ce ne fut que beaucoup plus tard qu'ils l'apprécièrent dignement. Le premier tableau grec apporté à Rome fut le *Bacchus* du peintre Aristide. Le roi Attale l'avait payé six cent mille sesterces. Lucius Mummius, jugeant de la valeur de l'œuvre par le prix énorme qui en avait été donné, l'enleva et la fit placer dans le temple de Cérès. Dès lors on put juger de la différence qui existait entre les peintures grecques et celles que les Romains avaient admirées jusqu'à ce jour, le goût s'épura et on commença à rechercher avidement les ouvrages des Zeuxis, des Parrhasius, des Apelles et de leurs contemporains. Ce goût se développa rapidement sous César, Auguste et leurs successeurs, et lorsqu'à côté des sculpteurs grecs, des peintres de cette nation eurent été amenés à Rome en très grand nombre, ce fut à qui des riches patriciens leur commanderait le plus d'ouvrages. Les fresques trouvées à Pompéi et à Herculanum nous prouvent que les artistes de ce temps possédaient de grandes qualités d'exécution. Cependant on se tromperait étrangement si l'on allait croire que leurs productions peuvent soutenir la comparaison avec celles des peintres modernes.

Les artistes anciens ne connaissaient ni le clair-obscur ni le coloris. On ne doit chercher dans leurs tableaux ni perspective, ni plans, ni véritable composition. L'ensemble a beaucoup d'analogie avec celui des bas-reliefs. Et qu'on remarque bien que les fresques dont nous nous occupons ici sont de l'époque la plus brillante de la peinture romaine. Plus tard, lorsque les artistes n'eurent plus sous les yeux les œuvres des grands maîtres de la Grèce, ils produisirent naturellement des tableaux d'une bien moindre valeur et perdirent beaucoup de leur habileté et de leurs qualités d'exécution. Au moment où la sculpture était en pleine décadence, la peinture romaine, qui elle aussi n'était qu'une continuation plus ou moins heureuse de celle des Grecs, la peinture romaine, disons-nous, n'était plus que l'ombre d'elle-même, et c'est à peine si, sous Adrien, elle put fournir des ouvrages supportables. Sous les successeurs de ce prince elle déchut de plus en plus, partagea le sort de la statuaire et des autres arts pour venir expirer enfin à Constantinople, où les invasions des barbares et des Sarrasins et les fureurs des briseurs d'images ne tardèrent pas à en faire disparaître les derniers vestiges.

CHAPITRE II

LA PEINTURE ET LA SCULPTURE DEPUIS LES ANCIENS JUSQU'A LA RENAISSANCE.

Nous venons de dire que la disparition et la destruction de ce nombre immense de statues, de tableaux et d'autres objets d'art transportés de la Grèce à Rome, dans toute l'Italie et de là à Constantinople, furent dues en grande partie aux invasions des barbares. Cela est vrai jusqu'à un certain point; mais il est juste d'ajouter qu'au moment où parurent ces barbares beaucoup de chefs-d'œuvre n'existaient déjà plus. Les premiers chrétiens, voyant dans les statues et dans les tableaux moins des productions artistiques qu'un danger pour perpétuer le culte des idoles, avaient cru de leur devoir d'en briser autant qu'ils pouvaient. Il s'en suivit que, lorsque les Huns, les Vandales, les Goths et les autres peuples à demi sauvages vinrent se ruer sur l'empire romain, ils ne rencontrèrent que des ruines dans certaines parties des contrées envahies, et dans d'autres des collections diminuées notablement. Ils n'en eurent que plus de facilité à accomplir leur œuvre de destruction, à compléter la ruine de cette foule de créations sublimes que tant de siècles et tant de génies avaient léguées au monde. Qu'on joigne à tout cela les effets déplorables de la décadence constatée dès le règne des premiers successeurs d'Auguste, et l'on pourra se faire une idée de ce que devaient être devenues la sculpture et la peinture à l'époque où l'on recommença à les cultiver.

Et cependant l'on ne tarda pas à y songer. Bien plus la nécessité y fit penser presque au lendemain de la fondation du christianisme. Il était utile de représenter les figures de Jésus-Christ, de la Vierge, des apôtres, de retracer les mystères de la religion. Aussi, au moment où la Rome païenne était encore toute-puissante, où tous ses temples, toutes ses statues de dieux, de déesses, de héros et d'empereurs divinisés étaient debout, la Rome souterraine, la Rome des Catacombes, se livrait déjà à de timides essais : elle taillait des images, elle peignait des fresques. Ces premières œuvres, tout en rappelant l'art grec et romain, ne furent que de grossières ébauches. Après la destruction des monuments de l'art antique, la pratique de l'art chrétien devient de plus en plus barbare ; mais en même temps cet art devient véritablement chrétien, au point que l'on est forcé d'y reconnaître non-seulement des tendances entièrement nouvelles, mais encore un art tout nouveau, n'ayant presque plus de rapport avec celui des siècles précédents.

Les statues et les peintures religieuses se multiplièrent rapidement sous les règnes d'Arcadius, d'Honorius et de Théodose. Sorti depuis longtemps des Catacombes, l'art chrétien prend son essor. Pendant que ces souverains faisaient détruire d'un côté les anciens monuments, ils s'attachaient de l'autre à élever d'innombrables églises et à les orner avec la plus grande magnificence. Ce fut vers ce temps que l'on commença à décorer les temples de peintures murales, de mosaïques et de dorures. Cette ornementation devint bientôt générale et dura pendant très longtemps. Sous Charlemagne, elle était tellement de rigueur, que l'on n'eût même plus compris une église qui en eût été dépourvue. Au xe siècle, et plus tard encore, l'usage en était regardé comme une espèce de loi. Ce fut à la même époque que l'on commença à introduire les vitraux coloriés, qui vers la fin du moyen âge devinrent ces belles verrières tant admirées de nos jours dans les rares spécimens venus jusqu'à nous. Notons en passant que, bien que la peinture sur verre ne naquît qu'au ixe siècle, les vitraux teints étaient déjà employés pour les églises longtemps auparavant.

A la fin du viie siècle et au commencement du viiie se placent deux événements qui exercèrent sur la peinture et sur la sculpture une influence considérable. Le premier de ces événements, le plus important, fut le *Concile quinisexte*, tenu à Constantinople en 692, et qui prescrivit aux artistes de préférer là représentation du fait au symbole ; le second, la défense de produire des images religieuses, faite en 726 par l'empereur Léon l'Isaurien, défense qui amena les troubles causés par les iconoclastes pendant toute la durée du viiie siècle.

Pour bien comprendre la décision du *Concile quinisexte*, il faut savoir que depuis les Catacombes la peinture et même la sculpture avaient fait un usage immodéré de l'allégorie.

Les artistes ne parlaient aux fidèles qu'un langage symbolique, et leurs ouvrages ressemblaient la plupart du temps à de véritables énigmes. On ne se servit d'abord que d'un petit nombre de symboles. C'étaient les lettres XP entrelacées ou l'alpha et l'oméga (le commencement et la fin) pour désigner le Christ. Plus tard, le mot grec Ιχθυς (poisson) ou la figure d'un *poisson* furent employés à la même fin [1]. Plus tard encore, la croix devint le symbole de la mort du Sauveur et de la délivrance du genre humain, les palmes furent celui de la paix éternelle, le paon celui de l'immortalité. L'agneau, la vigne, le navire, furent les indices de passages bibliques bien connus sur les sarcophages, les murs et même sur les vases sacrés et les ustensiles de ménage.

Dans la suite on ne se borna plus à ces symboles trop simples. Le bon Pasteur ramenant sur ses épaules la brebis égarée commença à jouer un très grand rôle dans le langage allégorique des peintres et des sculpteurs. Les principales scènes de la vie et de la passion du Sauveur furent représentées au moyen de paraboles empruntées à l'Ancien Testament. Daniel sauvé de la fosse aux lions, Jonas des entrailles de la baleine, l'assomption d'Élie, les souffrances de Job, peignaient quelques-uns des principaux passages du Nouveau Testament. C'est de cette époque que datent les figures allégoriques sous lesquelles on continue de peindre et de sculpter les quatre Évangélistes.

Le Concile quinisexte prit à tâche de faire cesser les abus, qui n'avaient pas tardé à se produire dans cette voie. Il ordonna de préférer dorénavant la réalité aux allégories. Les artistes obéirent, mais l'art ne gagna rien à ce changement; au contraire, on peut dire qu'il y perdit plutôt. Le nu employé dans les tableaux et les sculptures symboliques disparut, et avec lui l'étude du corps humain .

Quant à la défense de l'empereur Léon l'Isaurien, elle n'avait pour but que de proscrire les images saintes et n'en voulait, ni à la peinture, ni aux artistes, ni à la sculpture. La preuve en est que ces mêmes iconoclastes, qui détruisaient partout les objets d'art représentant les mystères de la foi

---

[1] ΙΧΘΥΣ ; les lettres du mot rappelaient par abréviation les titres du Christ : Ιησους, Jésus; Χριστος, Christ; Θεου, de Dieu; Υιός, fils; Σωτηρ, sauveur.

et des personnages sacrés, firent exécuter des tableaux historiques, des portraits et des statues. Ainsi que nous l'ap-
prennent les historiens, cette persécution eut pour résultat
d'augmenter le nombre des peintures et des sculptures religieuses. Elle donna la foi aux artistes, en faisant de l'art une
religion pour laquelle on souffrait le martyre. Elle eut encore
une autre conséquence : chassés de l'Orient, les artistes byzantins se réfugièrent en Italie, où ils furent reçus à bras ouverts
par les papes. C'est ainsi que Rome devint de nouveau le
centre des beaux arts, comme l'attestent les nombreux monuments élevés sous les règnes de Grégoire III, d'Adrien I et de
Léon III, monuments décorés avec un faste inouï, et ornés
de plus de mosaïques, de statues et de peintures que n'en
contiennent aujourd'hui nos églises les plus richement dotées.
Charlemagne fut l'un des protecteurs les plus chaleureux
des Beaux-Arts. On sait qu'il eut la pensée de régénérer l'architecture, la sculpture et la peinture, aussi bien que les
lettres et les sciences. Il ordonna par une loi que partout
l'intérieur des églises fût peint, et fixa même le mode des
contributions à lever pour exécuter les peintures murales.
Une église royale devait être peinte aux frais de l'évêque et
des abbés voisins; l'église attenante à un bénéfice aux frais
du bénéficiaire. Son but était d'instruire le peuple en em-
bellissant l'église et de faire oublier aux Saxons convertis
leurs anciens temples. Charlemagne fonda un grand nombre
d'églises, de chapelles, de palais et d'autres édifices, tous
décorés splendidement de marbres et de bronzes, de vitraux,
de peintures murales et de mosaïques. Les cathédrales d'Avignon, de Milan, de Reims, et une foule d'autres furent bâties
ou embellies par lui.
Tout en protégeant les arts et en faisant travailler les
artistes, Charlemagne leur porta un rude coup. On sait que le
célèbre empereur était doué d'une force de corps extraordinaire. Le premier, il se revêtit d'un haubert à doubles mail-
les, d'un casque, de brassards, de cuissards et de gantelets en
lames de fer. Cet exemple fut imité partout. Bientôt les grands
personnages, dont les artistes avaient à retracer l'image, ne
parurent que sous une enveloppe, qui cachait entièrement
la figure humaine, et l'on ne put plus reproduire ni les
traits, ni le reste du corps. De là des attitudes raides, des
mouvements guindés, des surfaces inanimées, des masses informes. Les artistes qui s'occupaient de peinture ou de sculp-

ture religieuse, n'étaient pas plus heureux. Les autorités ecclésiastiques s'arrogèrent le droit d'indiquer la manière dont les
sujets religieux devaient être composés et exécutés. Privés
de liberté, lorsqu'ils avaient à représenter des scènes de l'Ancien ou du Nouveau Testament, lorsqu'ils voulaient tailler ou
peindre quelque saint; n'ayant d'un autre côté pour modèles
que des hommes couverts de fer, les artistes perdirent plus
complétement encore l'habitude d'étudier le nu et l'art ne
tarda pas à tomber dans la barbarie.

Cependant il vint un temps où les artistes de l'Occident
sentirent la nécessité de se soustraire à la domination des
prescriptions hiératiques. A partir du xiᵉ siècle, l'art euro-
péen essaye de prendre un nouvel essor en conquérant plus
de liberté. Il n'en fut pas de même en Orient. L'École byzantine continua à se soumettre à un code bizarre, qu'observent
encore les peintres grecs de nos jours. Ce code prescrit la
forme immuable de tous les personnages de la Bible, de toutes
les scènes de l'Ancien et du Nouveau Testament. Il indique
le caractère du visage, les attitudes et jusqu'aux vêtements
du Christ, de la sainte Vierge et des saints. Depuis douze
siècles, les Byzantins ne se sont jamais écartés des mêmes
types, et aujourd'hui encore on reproduit dans toute la Grèce
les mêmes formes et les mêmes compositions.

C'est sous Charles le Chauve ou sous Louis le Débonnaire
que naît la peinture sur verre. Jusque-là on s'était, comme
nous l'avons dit, contenté de verres teints et de mosaïques de
ces verres. Dès lors, on commence à représenter par des verrières des scènes de la Bible, les miracles des saints, les exploits des guerriers, les principaux traits de l'histoire. L'art
du verrier ou plutôt du peintre sur verre grandit rapidement,
et deux à trois siècles plus tard il produit ces magnifiques
compositions que l'on ne parvient plus aujourd'hui qu'à
imiter imparfaitement.

Vers la fin du xᵉ siècle, la peinture et la sculpture jouent
un rôle très secondaire. Liées par les prescriptions ecclésiastiques, mises dans l'impossibilité d'étudier et de rendre fidè-
lement le corps humain, elles finissent par ne plus rien produire de remarquable et se trouvent entièrement subordonnées
à l'architecture. Cet état de choses change au siècle suivant.
Après avoir su combiner la liberté de l'art avec les règlements
ecclésiastiques, quelques artistes songent à se relever de
l'abaissement dans lequel les tiennent les architectes. Bientôt

les croisades viennent donner à cette tendance une impulsion nouvelle. Elles firent connaître partout en Europe ce que l'école byzantine avait pu conserver de l'art antique. La peinture et la sculpture de l'Occident surent mettre à profit les notions plus saines rapportées de Constantinople par les Croisés et s'approprièrent quelques-unes des qualités d'exécution, qui distinguaient les objets d'art byzantins. La statuaire prit l'habitude de rehausser ses œuvres avec le secours de la peinture. Aux temps les plus brillants de l'art grec, les sculpteurs promenaient parfois un pinceau soit sur les traits du visage de leurs statues, soit sur les ceintures, les franges et d'autres ornements, pour ajouter à l'effet de ces parties. Cet usage s'était conservé à Byzance, comme dans tout le reste de l'Orient. On y allait plus loin. On peignait les statues et les bas-reliefs absolument comme les tableaux, les parties nues avec les tons de la carnation, les draperies avec des couleurs et de la dorure. Nous possédons encore quelques vieilles productions portant des traces de cette barbare magnificence, qui a parfois trouvé des imitateurs parmi les sculpteurs de nos jours.

Tout en étudiant les modèles byzantins, l'art occidental acquit la conviction qu'il ne pouvait pas se soumettre plus longtemps à l'immobilité décrétée par l'Église. Au respect des emblèmes et des types il osa peu à peu marier un mouvement plus vif et la liberté du choix dans les accessoires. Ce n'était certes pas encore la liberté, telle qu'on la comprit plus tard; mais c'était déjà quelque chose. C'était même beaucoup en comparaison de l'espèce d'asservissement intellectuel imposé aux prédécesseurs des artistes du xie siècle, et de la sujétion des peintres et des sculpteurs byzantins.

C'est de ce même xie siècle et du commencement du xiie que datent les plus anciens tableaux signés que l'on ait retrouvés en Italie. Ces tableaux portent les noms d'André Rico, peintre grec qui travaillait à Rome, à ce que l'on croit, et mourut à l'île de Candie en 1105; de Guido et Pietrolino qui, de 1110 à 1120, exécutèrent à Pise des peintures qui subsistent encore; et de Barnaba, peintre grec, mort en Toscane en 1150. Les deux Bizzamano vivaient vers 1185, ainsi que Ventura, de Bologne, qui leur succéda. On ne connaît pas de noms d'artistes flamands ou allemands de cette époque, quoiqu'il soit bien avéré que la peinture et la sculpture furent cultivées en Allemagne, dans les Pays-Bas, aussi bien qu'en

Espagne. En France, on cite les noms de Herbent, moine de Reims, qui mourut vers 1060, et de Roger, qui vivait dans le même couvent; de Bernard, qui peignit des tableaux pour l'église de Lobbes, et de Thiémon, qui décora plusieurs monastères. Depuis quelques années, on a découvert en Belgique, en France et en Allemagne des peintures murales que l'on croit pouvoir attribuer à cette période. Pour ce qui concerne la statuaire, on peut mentionner Lambert Patras de Dinant, qui vivait vers 1112, et fut l'auteur des fonts baptismaux en bronze conservés dans l'église Saint-Barthélemy, à Liége, et l'évêque Bernward, de Hildesheim, mort en 1023, à qui l'on doit une porte en bronze de la cathédrale de Hildesheim. Dans la cathédrale d'Osnabruck, on conserve un *Baptême du Christ* également en bronze, que l'on sait être l'ouvrage d'un sculpteur du nom de maître Gerhard. Les productions des artistes que nous venons de citer ne donnent pas une idée très favorable de l'état des deux arts à cette époque. Le dessin laisse beaucoup à désirer; par contre, il y a du naturel dans les expressions, de la vigueur dans les attitudes et une grande énergie dans l'ensemble de la composition.

Ce n'est qu'au xiiie siècle que la peinture et la sculpture commencent à faire des progrès sérieux. Jusqu'alors l'art avait été presque exclusivement réservé à la décoration des églises et des monastères, et la plupart des artistes étaient des moines. Vers la fin du xiie siècle, une réaction formidable se fait sentir dans une grande partie de l'Europe. Grégoire VII entreprend de réformer l'Église et surtout les institutions monastiques, et parvient à mener à bonne fin cette entreprise salutaire. Il rend les mœurs du clergé tant régulier que séculier plus austères, fait la guerre au luxe et arrête le développement des arts dans les cloîtres. Aussitôt des prédicateurs fameux, et entre autres saint Bernard, osent s'élever contre les décorations excessives des églises. Ils trouvent des imitateurs, et bientôt les associations religieuses sont les premières à proscrire une magnificence qu'elles avaient longtemps crue indispensable. Le nombre des moines peintres et sculpteurs diminua sensiblement, et on se mit à construire des églises dénuées de toute ornementation. Comme toujours, on tomba d'un excès dans un autre, et, pour la première fois, on vit s'élever des temples tout simplement blanchis à l'intérieur.

Cependant l'effet de cette réaction ne fut nullement désastreux, comme on pourrait être tenté de le croire. Elle eut, au contraire, des résultats très heureux. L'art, après s'être arrêté un moment, devint un art nouveau. Il se sécularisa : les laïques se firent peintres et sculpteurs. Sans cesser d'être religieux, il acquit plus de vie et de force en se répandant dans le monde. « Renfermés dans les abbayes, séparés de la nature vivante par la sévérité des règles, dit un écrivain, les moines étaient trop souvent réduits à leur seule imagination pour créer les types de l'infinie beauté qu'ils aspiraient à exprimer. L'action de la foi, nécessaire pour les produire, ne suffisait pas pour les revêtir de la forme humaine qui les perpétue sous le regard. Les sculpteurs et les peintres laïques, au contraire, bien que soumis à la même direction par leur piété et leurs croyances, eurent plus de facilité d'étudier la nature, et c'est à cette étude de la nature, guidée, modérée par la ferveur, qu'il faut attribuer leur supériorité. Ce temps est le meilleur de l'art chrétien, et notamment de la sculpture. Sans doute, ils ne s'attachèrent pas, avant tout, à combiner leurs figures avec art, à rendre avec perfection les poses et les attitudes, à donner aux membres et à leurs attaches de belles proportions, de la grâce, de la beauté, à représenter le nu qui fait briller les connaissances anatomiques et permet à l'artiste de faire la glorification du corps humain. Certains admirateurs de l'art de cette époque poussent trop loin leurs éloges, car ils vont jusqu'à admirer cette négation du corps humain, du chef-d'œuvre de Dieu, le grand statuaire. La condamnation de la chair par l'Eglise catholique aurait fini par briser le pinceau et le ciseau dans la main du peintre et dans celle du sculpteur. Pour l'artiste du moyen âge, la pensée est tout, la forme est peu de chose. Dans les chefs-d'œuvre de l'antiquité, la beauté de la forme rend plus saisissante encore la grandeur de la pensée. »

Le premier peintre de renom que nous rencontrons en Italie à cette époque de réaction et de sécularisation artistiques, est Guido, fondateur de l'école de Sienne. Presque en même temps parurent Bonamico, Parabuoi, Diotisalvi et Duccio. Cimabue, qui vint après, naquit en 1240, et mourut en 1300. Tafi, mosaïste, mourut avant lui, mais l'aida beaucoup dans ses perfectionnements. Ces artistes bien qu'encore à moitié byzantins, s'éloignent cependant de la tradition d'une manière très sensible en donnant plus d'expression et de vie à leurs figures. Cimabue eut pour élève Giotto, le premier et le plus puissant maître de ce temps, et même du xive. siècle. Il était non-seulement peintre, mais encore sculpteur et architecte. C'est à Giotto que commence réellement ce que l'on est convenu d'appeler l'art gothique. Né en 1276 et mort en 1336, ce grand artiste fut véritablement le premier peintre des temps modernes. Il accorda à la nature, dans ses compositions, une part beaucoup plus large qu'on n'avait osé le faire avant lui, et améliora les procédés matériels. Son influence fut immense sur la peinture aussi bien que sur la statuaire, et l'on peut dire qu'il jeta en quelque sorte les fondements de la Renaissance, qui longtemps après lui réforma complétement les arts.

Giotto eut de nombreux disciples et imitateurs. On cite parmi eux Oderigi Gubbio, Piétro Cavallini, Simone Memmi, Taddeo Gaddi et Andrea Orcagna, dont nous parlerons plus tard. — Nous avons peu de renseignements sur l'état de la peinture dans les autres pays, au moment où Giotto accomplit ce que l'on pourrait déjà appeler une révolution dans l'art. Il est plus que probable que la réforme resta pendant bon nombre d'années renfermée dans la Péninsule et que partout ailleurs les artistes, tout en s'affranchissant timidement des liens dogmatiques, n'osèrent pas aller bien loin dans la voie de l'émancipation.— C'est encore au xiiie siècle que la peinture sur verre et sur émail fait des progrès de plus en plus remarquables. Les vitraux de ce siècle et ceux du xive sont réputés les plus beaux que l'on ait produits, parce qu'on y découvre quelque chose de plus naïf, de plus idéal, que bien des gens préfèrent à la perfection des verrières des deux siècles suivants. Quant aux émaux, nous n'avons pas à nous en occuper ici, l'émaillerie faisant plutôt partie d'un art que les dimensions de ce travail ne nous permettent pas d'aborder. Nous voulons parler de l'orfévrerie, dont les émailleurs furent longtemps les collaborateurs indispensables. Nous nous bornerons donc à constater qu'au xiiie siècle les émaux de Limoges jouissaient d'un grand renom, qu'ils ne perdirent tout à fait que vers le milieu du xve.

Le xive siècle voit se développer d'une façon étonnante le mouvement artistique inauguré dès le xie. Les sculpteurs et les peintres, tout en conservant quelques-unes des traditions des siècles précédents, sentent de plus en plus la nécessité de se dégager des liens qui entravèrent pendant si longtemps l'essor de leurs devanciers. Ce n'est pas encore la Renaissance, mais la plupart des œuvres, produites en nombre immense, montrent que l'on en approche rapidement. C'est ce qui a fait donner à cette époque le nom d'époque de transition. Les sujets traités par la statuaire et par la peinture changent avec les tendances et avec les procédés. L'élément laïque se fait une part beaucoup plus large dans les productions. En même temps les artistes s'abandonnent surtout à des inspirations personnelles; les compositions symboliques et symétriques sont délaissées et on représente de préférence des événements positifs. En ce qui concerne plus spécialement la sculpture, elle s'affranchit complétement des exigences de l'architecte, et devient enfin un art distinct, capable de marcher seul et produisant des œuvres ayant par elles-mêmes une signification propre, qui n'a plus rien à faire avec les lois que l'architecture lui a prescrites pendant plusieurs siècles.

Au xiii⁰ siècle nous trouvons les sculpteurs français à la tête de la statuaire. Les sculptures des cathédrales de Paris, d'Amiens, de Chartres et de Reims nous montrent jusqu'à quel point ils savaient justifier leur réputation. Au xiv⁰ siècle c'est surtout l'Allemagne qui brille au premier rang. Au milieu de ce siècle, Sebald Schonhofer est son maître par excellence. C'est à lui que l'on doit le célèbre *Schonen Brunnen*, de Nuremberg. Tournay possède une école de sculpteurs qui travaille surtout à produire des monuments funèbres, et des bas-reliefs remarquables par l'exécution des détails, qui semblent préparer l'avénement du brillant réalisme flamand. Les églises de Tournay possèdent quelques-uns de ces monuments. Claus Sluter', évidemment allemand ou flamand, travaillait à la cour de France et à la cour de Bourgogne. L'Angleterre aussi possède à cette époque des sculpteurs de mérite, ainsi qu'on peut le voir dans plusieurs de ses anciens temples. Nous nous contenterons de citer le monument funèbre en bronze élevé à la mémoire du Prince Noir, dans la cathédrale de Cantorbéry. Il date de 1376. En Allemagne et en Irlande, on travaillait principalement le bois. On employait toujours des couleurs et de l'or pour relever l'effet des statues de bois et de pierre.

En Italie, Giovanni Pisano, fils d'un autre grand sculpteur, Nicolas Pisano, fit beaucoup pour le développement et le progrès de la statuaire à la fin du xiii⁰ et au commencement du xiv⁰ siècle. Il naquit vers 1240 et mourut en 1320. La chaire de la cathédrale de Sienne est en partie son ouvrage. Comme

son père, il penchait vers l'étude des anciens. Il orna la façade de la cathédrale d'Orviéto. Son œuvre capitale est l'autel
de la cathédrale d'Arezzo. En 1311, il fit pour la cathédrale
de Pise une chaire non moins belle que celle de Sienne. Giotto,
le grand peintre dont nous avons déjà parlé, exécuta une
partie des sculptures de la façade de la tour de la cathédrale
de Florence, dont il avait fourni les plans. Andrea Pisano,
qui vécut de 1280 jusqu'à 1345, fut élève de Giotto. Le baptistère de Florence a de lui une porte en bronze qui passe pour
son chef-d'œuvre. Andréa de Cione, plus connu sous le nom
d'Orcagna, fut le dernier et l'un des plus grands statuaires de
cette époque, pour l'Italie. Il fit pour l'église San-Michele à
Florence un tabernacle qui passe pour l'œuvre la plus par-
faite que l'on doive à son ciseau.

La peinture est l'art favori des Italiens pendant toute la
période gothique, mais surtout vers la fin du XIII⁰ siècle et au
commencement du XIV⁰. Ce que produisirent les époques an-
térieures ne semble être que les fondements des monuments
élevés du temps de Giotto et de ses imitateurs. Le siége
principal de l'art était la Toscane, et le Giotto le maître par
excellence. Les innombrables tableaux et peintures murales
que ses disciples semèrent à profusion dans toutes les églises
de l'Italie suffiraient au besoin à le démontrer. Taddeo Gaddi,
Spinello Aretino, Niccolo di Pietro et Orcagna, marchèrent
dignement sur ses traces. Ce dernier fit pour le Campo Santo
de Pise, un *Triomphe de la Mort*, qui le montre dans tout
l'éclat et dans toute la puissance de son talent. Son frère Ber-
nardo Orcagna, quoique moins fameux, fut un artiste de
grand mérite. Simone di Martino, que l'on nomme ordinairement Simone Memmi, naquit en 1276 et mourut en 1344.
L'Académie de Sienne possède de lui une *Sainte Vierge
avec les saints*. Lippo Memmi travaillait à peu près dans la
même manière.

Dans le Nord, la peinture eut au XIV⁰ siècle une importance relativement moindre. L'architecture gothique, si favorable à la sculpture, l'est infiniment moins à la peinture, à
laquelle elle refuse les grands espaces nécessaires aux compositions d'une certaine étendue. Les peintres durent donc
se contenter de produire des œuvres de dimensions restreintes,
car, même pour les tableaux d'autel, ils trouvèrent de rudes
concurrents dans les statuaires. Aussi peu de noms de cette
époque sont venus jusqu'à nous. On cite quelques peintures

murales en Allemagne et en Hollande, mais c'est à peu près tout ce qui nous reste d'un temps où la peinture prit en Italie un essor prodigieux.

Il en fut de même en France. Par contre ce dernier pays brilla par ses miniaturistes, qui surpassaient ceux des autres pays et notamment les Allemands. La peinture sur verre atteignit un haut degré de perfection non-seulement en France et en Allemagne, mais encore en Espagne, en Angleterre et en Flandre, comme en général dans la plupart des contrées de l'Europe. Les Allemands de cette époque ont produit beaucoup de triptyques, genre de composition dans lequel ils excellèrent. Parmi les maîtres qui le cultivèrent, on cite Nicolas Wurmser, qui travaillait à Prague et à Vienne. L'école de Cologne a fourni les triptyques les plus estimés. Maître Wilhelm, réputé le meilleur peintre *de tous les pays allemands*, appartenait à cette école, ainsi que maître Stephan, son émule, dont le nom a été conservé dans le journal de voyage d'Albert Durer. Tous les deux vivaient vers la fin du XIVe siècle, et peignaient en détrempe comme tous les artistes de ce temps, qui s'adonnaient au même genre de peinture.

Au commencement du XVe siècle, pendant que les tendances réalistes gagnent partout du terrain et que l'art est à la veille de la renaissance, apparaît en Italie Giovanni da Fiesole, nommé aussi *il beato Giovanni, il Frate Dominicano* ou *Frà Angelico*. Ce grand artiste, loin de partager l'opinion générale sur la nécessité de s'éloigner des traditions, s'attacha au contraire à les conserver le plus scrupuleusement possible. D'une famille distinguée, il se fit moine, rechercha la solitude et se consacra à l'art et à la prière. Il ne peignait que des sujets religieux et rendait l'expression des sentiments d'une façon saisissante dans les traits de ses personnages. Il eut pour contemporains et pour successeurs, mais non pour imitateurs, Aldighiero da Zevio, Jacobo d'Aranzo, Antonio Vivarini et Giovanni Alamano ; ensuite Tommaso Guidi di San Giovanni, surnommé *Masaccio*, Filippo Lippi et Andrea del Castagno, qui assassina Domenico de Venise, après s'être rendu maître du secret de peindre à l'huile, apporté en Italie, par Antonello de Messine.

La peinture à l'huile avait été inventée en Flandre, par Hubert et Jean Van Eyck. On ne sait pas au juste où naquirent ces deux grands peintres. L'opinion la plus accréditée prétend que ce fut au village d'Eyck près de la petite ville de Maeseyck, dans le Limbourg. On ignore également en quelle année ils vinrent s'établir à Bruges. On croit qu'Hubert vint au monde vers 1366. Jean plus jeune que lui d'une trentaine d'années et Marguerite Van Eyck, leur sœur, furent les principaux élèves d'Hubert qui mourut, dit-on, en 1426. Jean vécut jusqu'en 1441.

Ce fut Jean qui, très versé dans la chimie, trouva, à ce que l'on croit, la peinture à l'huile. Leur immense talent aussi bien que leur découverte, qui opéra une véritable révolution dans l'art, valurent aux deux frères le titre de chefs de l'école de Bruges.

Nous reviendrons bientôt sur eux et sur leurs disciples, car, bien qu'appartenant en réalité à la période gothique, ou du moins à celle de transition, ils sont considérés à bon droit, eux et leurs élèves, comme les premiers peintres flamands de la Renaissance.

CHAPITRE III

LA SCULPTURE AU XVe ET AU XVIe SIÈCLE.

Ce serait une grande erreur de croire que les artistes et les écrivains du moyen âge ne connaissaient plus rien de l'art et de la littérature antiques. C'est le contraire qui est vrai. L'antiquité, au lieu d'être inconnue aux propagateurs de l'art gothique, trouvait au contraire parmi eux des admirateurs passionnés. Seulement ces mêmes hommes, alors qu'il s'agissait d'étudier les anciens, non-seulement pour les admirer, mais pour leur demander le secret de leurs tendances matérialistes et de leurs formes splendides, pour les imiter, en un mot, ces mêmes hommes reculaient épouvantés. Retenus par la tradition, liés encore plus ou moins par les prescriptions dogmatiques, dominés sans cesse par l'influence religieuse, ils n'osaient songer à se livrer à leur inspiration individuelle, et à chercher dans l'antiquité des maîtres à consulter, des modèles à suivre.

Cependant, comme nous l'avons vu, il arriva un moment où les artistes sentirent le besoin de s'émanciper. Dès ce jour, la cause de la liberté de l'art fut gagnée. Ce désir d'émancipation ne fit qu'augmenter. En vain des statuaires et des peintres doués d'un talent remarquable tentèrent de s'opposer au mouvement, en produisant, au milieu de l'effervescence artistique même, des œuvres dans lesquelles le respect des traditions était poussé jusqu'à ses limites les plus extrêmes. Ces tentatives ne purent rien contre la marche des esprits, et, disons-le, contre la marche des événements, qui ne contribua pas peu à amener le triomphe de la liberté. Aussi, dès le commencement du xve siècle, la Renaissance pouvait être considérée comme un fait accompli, puisqu'elle était depuis longtemps dans la conscience des masses, aussi bien que dans celle des peintres, des sculpteurs, des architectes et des écrivains.

Déjà, pendant la période gothique, la sculpture italienne avait su s'affranchir plus complétement que celle des autres pays de l'espèce de domination que l'architecture avait fait si longtemps peser sur elle. Cette liberté, conquise à une époque où les statuaires français et allemands étaient encore, pour la plupart, dans la dépendance du *grand art*, comme on appelait celui des architectes, explique comment les artistes italiens occupèrent facilement le premier rang à l'époque de la Renaissance. C'est ce que nous voyons clairement dans les statues-portraits qui ornent les monuments funèbres du xve siècle, ainsi que dans l'ordonnance et la signification des bas-reliefs, même de ceux qui devaient servir à l'ornementation des églises et des monuments religieux. Il règne dans ces statues et dans ces bas-reliefs un mouvement, un réalisme étonnants pour l'époque à laquelle ils ont été exécutés. L'énergie de l'expression va quelquefois jusqu'à l'exagération, et prouve que l'étude de la nature, non moins que celle de l'antiquité, dirigeait dès lors tous ceux qui maniaient le ciseau.

A la tête des écoles italiennes, nous trouvons à cette époque, comme longtemps auparavant, celles de la Toscane. Le premier maître de quelque valeur qui marque la transition est Jacopo della Quercia. Mais il fut de beaucoup surpassé par le maître florentin Lorenzo Ghiberti, lequel exécuta, de 1402 à 1424, la célèbre porte en bronze du portail Nord du baptistère de Florence. Elle comprend vingt bas-reliefs représentant des scènes du Nouveau Testament, les quatre Evangélistes et quatre Pères de l'Eglise. Plus tard il fit également les portes Est du même baptistère, ouvrage tellement hors ligne, qu'il fit dire à Michel-Ange que ces portes étaient dignes de servir d'entrée au paradis. Ghiberti eut pour contemporains Luca della Robbia, Donatello ou Donato di Betto Bardi, auteur de la statue équestre en bronze de Francesco Gattamelata à Padoue, peut-être la première statue équestre de cette valeur que produisit l'art régénéré ; Brunellesco, Antonio Pollajuolo, Antonio Filarete, Antonio Rosellini, Andrea Verocchio et Benedetto da Majano, qui exécuta la superbe chaire en marbre de l'église de Santa-Croce à Florence. Nous pourrions citer encore Matteo Civitali, qui vécut de 1435 à 1501, et produisit un grand nombre d'ouvrages pour la cathédrale de Lucques, sa ville natale, et Mino da Fiesole, dont Santa-Maria del Popolo, à Rome, possède toute une série de productions distinguées.

Les maîtres toscans de cette époque exercèrent une influence importante sur les autres écoles italiennes. On trouve de leurs ouvrages dans toutes les contrées de la Péninsule, et partout ils eurent des disciples et des imitateurs. C'est d'abord, à Venise, Maestro Bartolommeo qui, dans ses ouvrages, passe insensiblement du style idéal du moyen âge au style réaliste du xvᵉ siècle. Antonio, Paolo et Lorenzo Bregno suivent la voie ouverte par Bartolommeo. Puis vient la famille des Lombardi, Pietro, Tullio et Antonio, le père et ses deux fils en tête. Alessandro Leopardo travaille dans le même style, mais avec plus de charme et de suavité. Dans la Lombardie, la façade de la Certosa, près de Padoue, devint la lice où une foule de sculpteurs rivalisèrent de talent jusque vers le milieu du xviᵉ siècle. A côté de leurs ouvrages, qui ont toujours encore quelque rapport avec l'architecture, on trouve bientôt toute une série de groupes, de statues et de bas-reliefs entièrement séparés. C'est le Modénais Guido Mazzoni, qui, le premier, osa s'affranchir complétement des exigences des architectes.

Dans les premières années du xvᵉ siècle, Naples possédait un statuaire éminent dans Andrea Ciccione, dont les œuvres, comme celles de Bartolommeo de Venise, furent d'abord entièrement gothiques, mais qui, plus tard, travailla dans le style réaliste antique. Il exécuta le monument funèbre du roi

Ladislas, dans l'église San-Giovanni à Carbonara, dans lequel les deux styles se trouvent réunis. Vers la fin du même siècle, un artiste lombard, Tommaso Malvito, de Côme, exécuta les sculptures de la crypte dans la cathédrale de la même ville. On a encore de lui une statue en marbre du cardinal Olivier Caraffa, ouvrage étrange, mais plein de vérité.

A la fin du xve siècle, la sculpture italienne était parvenue à se créer une forme toute nouvelle, qui n'était que le résultat de l'étude des chefs-d'œuvre de l'antiquité jointe à celle de la nature. Elle s'éleva parfois à des hauteurs qu'elle n'atteignit que très rarement dans la suite, et, quelque grands qu'aient pu être quelques-uns des statuaires de l'époque suivante, ils n'ont rien produit qui puisse être comparé aux portes du baptistère de Florence de Ghiberti.

Cependant cette époque vit se réaliser un progrès, très logique, si l'on veut, mais qui n'en fut pas moins d'une importance incalculable. Jusqu'alors les tendances réalistes de la Renaissance avaient produit beaucoup d'œuvres vraies et énergiques, mais qui, en général, péchaient par l'absence de style, sinon de belles formes. L'idéal avait disparu avec l'art gothique, et l'on n'avait pas encore songé à le remplacer, à en chercher l'équivalent. Ce fut l'étude de l'antiquité qui en fournit les moyens. A la fin du xve siècle, le réalisme un peu sauvage, l'énergie un peu outrée qui caractérise la statuaire italienne en général, fait place à un style non moins libre, mais plus élevé. Le beau, l'idéal, le sublime redevient le rêve des artistes ; la vérité et le naturel ne dominent plus exclusivement. Cette fois l'idéal ne ressemblait en rien à celui du moyen âge, il est vrai ; il n'était pas synonyme de pensée, comme chez les artistes gothiques, et trouvait son expression dans des formes rappelant celles des Grecs ; mais ce n'en était pas moins l'idéal, et, qui plus est, un idéal plus conforme aux exigences de l'art. La seule qualité qui lui manquât pour l'emporter sans conteste sur l'idéal gothique, ce fut la naïveté. D'un autre côté, la sculpture acquit une force d'expression, une ampleur de style et une liberté d'exécution et en même temps une simplicité qui purent un moment rivaliser avec l'antiquité.

Léonard de Vinci, élève de Verocchio, serait assurément considéré comme l'un des sculpteurs les plus éminents du xvie siècle, si malheureusement la statue équestre de Francesco Sforza, son œuvre la plus importante, n'eût été détruite. Le grand artiste n'avait pas encore pu la couler en bronze, lorsque son modèle fut réduit en poussière par d'ignorants soldats ; mais les gravures qui en existent suffisent à prouver que cette statue colossale fût devenue l'une des productions les plus remarquables des temps modernes. Léonard de Vinci n'en eut pas moins une très grande influence sur les statuaires ses contemporains, et notamment sur Giovanni Francesco Rustici, son condisciple, dont le groupe de Saint-Jean, placé au-dessus du portail nord du baptistère de Florence, est admiré comme l'une des œuvres les plus distinguées de cette brillante époque. Un autre grand statuaire, pour qui les leçons de Léonard ne furent pas perdues, fut Andrea Contucci, surnommé *Sansovino*, qui vécut jusqu'en 1529. On pourrait l'appeler le Raphaël de la statuaire, tant sa manière se rapproche de celle du prince des peintres italiens. Il fit également un groupe en bronze pour le baptistère de Florence, et le chœur de l'église Santa-Maria del Popolo possède de lui deux tombeaux en marbre, que l'on considère comme les plus beaux de l'Italie.

Nous venons de faire allusion à Raphaël. On a de lui quelques dessins pour des ouvrages de sculpture. On croit même qu'il en exécuta lui-même, et on lui attribue entre autres une belle statue de Jonas dans la chapelle Chigi de la même église de Santa-Maria del Popolo.

Infiniment plus grande fut l'influence que le génie puissant de son émule, le célèbre Michel-Ange Buonarotti, exerça sur la statuaire du XVIᵉ siècle. A sa mort, ce grand homme ne laissa que des imitateurs de sa manière et même de ses défauts. Quoique Michel-Ange fût aussi éminent peintre et architecte, il ne se considéra que comme sculpteur, en déclarant lui-même que la statuaire était son art de prédilection. Quand on compare ses œuvres à celles de ses prédécesseurs, et même à celles de Rustici et de Sansovino, on s'aperçoit qu'avec lui l'art entre dans une autre phase. Son âme passionnée ne pouvait se contenter ni du réalisme du XVᵉ siècle, ni de l'idéalisme harmonieux et de la beauté calme qu'avait atteints le ciseau habile des maîtres que nous venons de nommer comme les plus célèbres, Rustici et Sansovino. Chacune de ses productions n'existe que parce qu'il existe lui-même, et c'est par là qu'il se rapproche des anciens ; mais toutes sont le produit d'un esprit qui n'est jamais satisfait, et cherche constamment de nouvelles expressions pour l'idéal qu'il sent en lui, et par là il se distingue éminemment des sculpteurs de l'antiquité. La plupart de ses productions sont inachevées dans quelqu'une de leurs parties, et bien souvent il se vit obligé d'abandonner ses ouvrages commencés, parce que dans la fougue de l'exécution il avait *gâté* le bloc de marbre auquel il voulait donner une âme.

Pendant que Buonarrotti approfondissait l'art des anciens et se créait un idéal qui n'appartient qu'à lui, il rompait définitivement et plus ouvertement qu'aucun de ses prédécesseurs avec la tradition. C'est ce qui a fait dire qu'il a été réellement le premier statuaire moderne. Parmi ceux de ses ouvrages qui le font connaître le plus complétement et expliquent sa supériorité, nous pouvons citer en première ligne les tombeaux de Julien et de Laurent de Médicis, dans l'église de San-Lorenzo à Florence. La statue de Laurent, placée sur l'un des deux monuments, est devenue fameuse sous le nom de *Il Pensiero*.

Toutes les productions de Michel-Ange portent un cachet d'originalité et d'individualité irrécusables. Ce fut un malheur pour la statuaire italienne. Des nombreux imitateurs du maître, bien peu eurent la puissance de marcher sur ses traces, ne fût-ce que de loin. La plupart ne réussirent qu'à reproduire ses formes sans atteindre à la hauteur de pensée que chez lui elles servaient à exprimer.

Parmi les rares artistes contemporains de Michel-Ange qui ne se laissèrent pas influencer par lui, il faut nommer Nicolo Pericoli, qui vécut de 1500 à 1565, et fut élève de Sansovino, puis Benvenuto Cellini, le grand ciseleur. Tous les deux surent rester eux-mêmes au milieu de l'engouement général. Par contre, Alfonso Lombardo, Antonio Begarelli, Andrea Riccio, surnommé *il Briosco,* Jacopo Tatti, chef de l'école lombarde, et Giralomo Campagna, tout en s'appropriant quelques-unes des qualités de Sansovino, s'empressèrent d'adopter plus ou moins la manière *michel-angelesque,* aussi bien que Montorsoli, Guglielmo della Porta, Bartolomeo Ammanati, Giovanni da Bologno, artiste flamand, qui résidait à Florence ; Baccio Bandinelli et d'autres imitateurs du colossal Buonarrotti. Le dernier, qui naquit en 1487 et mourut en 1559, poussa si loin l'imitation de son modèle, qu'il en devint maniéré. Le groupe en marbre d'Hercule et Cacus, qui se trouve devant le Palazzo Vecchio de Florence, peut donner une idée de l'exagération à laquelle ne tardèrent pas d'arriver les artistes qui eurent la faiblesse de se laisser éblouir par les brillantes qualités d'un grand homme, au point de l'imiter jusqu'en ses défauts les plus flagrants. Du reste, comme nous venons de le dire, Bandinelli n'était pas seul à donner dans ce travers, et, vers la fin du xvie siècle, il n'y avait presque plus de sculpteur italien qui pût se vanter d'avoir échappé à la contagion, et de ne pas suivre le mouvement imprimé à la statuaire par l'illustre auteur du dôme de Saint-Pierre.

Voyons ce qu'était la sculpture dans les autres pays de l'Europe pendant la période que nous venons de parcourir.

Là aussi le réalisme et l'étude de l'antiquité avaient gagné du terrain dès le commencement du xve siècle et avaient fini par vaincre l'art du moyen âge. Il paraît que les portraits-statues des monuments funèbres, dans lesquels la reproduction exacte de la nature était de rigueur, achevèrent de débarrasser la statuaire des formes raides de l'art gothique. On sait que cette tendance, très puissante déjà au xive siècle, avait eu dès lors des résultats marquants. Au xve, elle donna aux artistes la conviction que la vérité de l'expression, le naturel des mouvements et la réalité des formes valaient mieux que l'ancienne manière, même dans la représentation de sujets religieux, de personnages de l'Ancien et du Nouveau Testament.

Bien que les œuvres de la statuaire soient très nombreuses à cette époque dans le nord de l'Europe, il est extrêmement difficile de tracer l'histoire de l'art pendant toute la durée du xve siècle. Les écoles foisonnent et les grands maîtres font complétement défaut. L'Allemagne travaillait principalement le bois. Elle produisait de préférence des autels dans lesquels l'influence de l'art gothique se fait encore sentir très souvent. Cependant le style se rapproche de celui de la peinture et l'ensemble trahit des velléités réalistes prononcées. La Souabe est particulièrement riche en monuments de cette espèce. A Tiefenbronn on admire un autel de Lucas Moser, qui date de 1431, et le maître-autel de l'église Saint-Jacques, à Rothenburg, du même maître, est un ouvrage précieux. Dans la cathédrale de Coire, en Suisse, se trouve un autel de Jacob Rœsch. Il est de 1491 et passe pour l'un des monuments les plus complets de l'époque. L'Autriche surtout possède une foule de ces ouvrages, dans lesquels excellèrent, avec les deux artistes que nous venons de nommer, Michael Pacher, Hans Bruggerman, qui vivait au commencement du xve siècle, Michael Wohlgemuth, Veit Stoss et les deux Jorg Syrlin.

La sculpture en pierre produisit des monuments funèbres, des portraits et des piliers d'église. La chaire de Saint-Étienne, à Vienne, porte la date de 1490 et eut pour auteur le maître Pilgram. Adam Krafft, le statuaire le plus célèbre de l'école de Franconie, vécut jusqu'en 1507, et travailla beaucoup à Nuremberg. Son contemporain Tilman Riemenschneider est l'auteur du mausolée en marbre de l'empereur Henri II et de l'impératrice Cunégonde, qui se trouve à la cathédrale de Bamberg. Le monument funèbre de Frédéric III, dans l'église de Saint-Étienne, à Vienne, est l'ouvrage en marbre le plus important de l'époque. Commencé en 1467 par Niclas Lerch, de Leyde, il fut achevé en 1513 par Michael Dichter. Les mausolées allemands du milieu et de la fin du XVIe siècle ont moins d'originalité et sont pour la plupart dans le goût italien de la Renaissance.

L'école de Nuremberg était la première de toute l'Allemagne pour les ouvrages en bronze. Elle joua le même rôle que l'école florentine en Italie. A la tête de l'école de Nuremberg nous trouvons la famille Vischer, à laquelle on doit le tombeau de Sebald, dans l'église de ce saint, à Nuremberg. Peter Vischer y travailla avec ses cinq fils jusqu'en 1519. Alexandre Colin, de Malines, exécuta dans la seconde moitié du XVIe siècle, un sarcophage en marbre et bronze pour l'église de la cour, à Inspruck. Ce monument, orné de la statue en bronze de l'empereur Maximilien, passe pour un chef-d'œuvre. Vers la fin de ce siècle vivaient aussi Stephan et Melchior Godl, et Hans Lendenstrauch, renommés pour la façon magistrale dont ils travaillaient le bronze.

En France, nous apercevons l'influence de l'antiquité et du réalisme dès la fin du XIVe siècle. Elle augmente au siècle suivant, et au XVIe la Renaissance italienne envahit complétement la sculpture. C'est ce que nous montrent les monuments funèbres, les chaires, les portails des églises et autres ouvrages de cette époque. La cathédrale d'Amiens possède une magnifique chaire en bois de 1521; les cathédrales de Chartres et d'autres grandes villes ont conservé des échantillons splendides de sculpture en pierre. Le Musée de Dijon nous montre le superbe mausolée de Jean Sans-Peur et de sa femme; il est de 1444. Vers 1500 furent exécutées les belles tombes princières de l'église de Brou, aussi distinguées par leur conception grandiose que par l'élégance du travail. Le double monument des cardinaux d'Amboise, dans la cathédrale de

Rouen, achevé en 1513 par Roullant de Roux, réunit les deux caractères de l'art du moyen âge et de celui de la Renaissance.

Vers le milieu du xvie siècle l'influence des artistes italiens et de l'étude de l'antiquité devient toute puissante, comme le prouvent les brillants ouvrages d'ornementation exécutés au château de Fontainebleau Jean Goujon, le premier des maîtres qui attachèrent leur nom à ces ouvrages immenses, l'emporte sur tous ceux qui formèrent avec lui ce que l'on est convenu d'appeler l'*école de Fontainebleau.* Parmi ses principales productions, nous devons une mention particulière aux bas reliefs de la fontaine des Innocents, la Diane de Poitiers et beaucoup d'autres de ses ouvrages, faisant partie des collections les plus précieuses. Jean Cousin, Germain Pilon et Barthélemy Prieur, son élève, se montrèrent les dignes émules de Jean Goujon.

L'Espagne eut quelques sculpteurs pendant le xve et le xvie siècle. A la tête de ces sculpteurs, nous voyons Alonso Berruguete, dont la belle église de Saint-Jean-Baptiste, à Tolède, possède un superbe tombeau du grand inquisiteur don Juan Tavera. Berruguete vécut de 1480 à 1562. Avant lui, Gil de Siloë avait illustré l'art espagnol. On lui doit les mausolées de Jean II et de l'infant don Alonso, à l'église des Chartreux de Miraflores. Gil de Siloë est encore à moitié gothique ; mais Berruguete a déjà subi l'influence de Michel-Ange et de la Renaissance italienne.

En Angleterre, le réalisme se fait sentir, au xve siècle, dans un certain nombre de monuments funèbres, et de bas-reliefs en bois d'un caractère fort original. Mais, dès le commencement du xvie, ce sont des artistes italiens qui y exécutent les principaux ouvrages de sculpture et y introduisent le style de leur patrie. Ainsi, Piétro Torrigiano fit en 1519, aidé de quelques artistes anglais, le magnifique monument funèbre de Henri VII pour la chapelle du roi, à Westminster. Plus tard nous voyons d'autres Italiens travailler en Angleterre.à l'érection des monuments et à l'ornement des églises. Benedetto da Rovezzano s'y établit en 1530 et continua d'y résider jusqu'à sa mort. De sculpteurs anglais proprement dits, il n'y en eut point.

CHAPITRE IV

LA PEINTURE AU XVe ET AU XVIe SIÈCLE.

Nous retournons en Italie pour y étudier la marche de la peinture pendant la période que nous venons de parcourir pour la statuaire.

Les tendances réalistes, encore plus prononcées chez les peintres que chez les sculpteurs, devaient porter ceux-là à rompre plus tôt et plus complétement avec les traditions. C'est ce qu'ils firent. Aussi dans les fresques de la fin du moyen âge voyons-nous poindre déjà les changements que la statuaire n'osa inaugurer que beaucoup plus tard.

Ce fut encore une fois l'école florentine qui se plaça à la tête du mouvement. Après quelques peintures murales de transition exécutées par Paolo Ucello et Masolino da Panicale dans le cloître de Santa-Maria-Novella et dans la chapelle Brancacci, à Santa-Maria del Carmine, nous rencontrons dans Masaccio, le principal élève de Masolino, le premier représentant de la nouvelle manière. Dans les fresques d'une chapelle de Santo Clemente, à Rome, il semble hésiter entre le gothique et la Renaissance ; mais dans son œuvre capitale, les fresques de Santa-Maria del Carmine, à Florence, toute trace d'hésitation a disparu. Les figures sont pleines de vie et de mouvement, modelées avec énergie et peintes largement ; la couleur est solide et sévère ; les draperies sont jetées hardiment, et la composition est d'un intérêt historique puissant. Ces fresques représentent les miracles de saint Pierre.

L'exemple de Masaccio fut bientôt suivi. L'un des premiers qui osèrent l'imiter fut Frà Filippo Lippi, qui vécut de 1412 à 1469. Les galeries de Florence contiennent beaucoup de ses œuvres, dans lesquelles il se montre réaliste presque plus fougueux que Masaccio. Sandro Botticelli, son élève, osa mêler la fable antique et l'allégorie dans des tableaux qui furent très goûtés. Filippino Lippi, élève de Sandro (1460 à 1505), Cosimo Roselli, Benozzo Gozzoli, Domenico Ghirlandajo et Luca Signorelli (1431 à 1529) viennent ensuite en première ligne. On sait que le dernier poussa un jour l'amour de la vérité jusqu'à prendre le cadavre de son fils pour modèle.

Plusieurs grands peintres de cette époque furent en même temps d'éminents sculpteurs. Andrea Verocchio, Antonio Pallajuolo et Lorenzo di Credi cultivaient en même temps la peinture et la statuaire.

Pendant ce temps l'Italie du Nord avait quelques maîtres distingués. Le premier maître de l'école de Padoue, Francesco Squarcione, naquit en 1394 et mourut en 1474. Il rapporta d'un voyage en Grèce une collection de sculptures antiques dont il fit la base de son enseignement. Son principal élève, Andrea Mantegna (1431 à 1506), se distingue par l'expression énergique des formes et par le sentiment dramatique qui règne dans ses compositions. Il peignit beaucoup de fresques à Padoue et ailleurs, et quelques tableaux d'autel. Le Musée du Louvre possède plusieurs de ses productions.

Melozzo da Forli, Bartolommeo Suardi, Ambrogio Fossano, surnommé *Borgognone*, Bartolommeo Vivarini, Luigi Vivarini, Antonello da Messina et Giovanni Bellini (1426 à 1516) appartiennent à différentes écoles lombardes, mais travaillèrent tous plus ou moins dans la manière des maîtres de Padoue. Cependant nous ferons remarquer qu'à dater de l'invention de la peinture à l'huile, l'école de Venise se sépara de l'école padouane, et commença à chercher sa principale ressource dans le brillant coloris, qui fit la gloire de ses artistes. Giovanni Bellini fut le premier à tirer parti de la couleur; son influence fut très grande sur ses jeunes contemporains. Il eut pour élèves Titien et le Giorgione, ainsi que Vittore Carpaccio et Cima da Conegliano. Bellini peignit jusqu'à un âge très avancé. Dans une des chapelles latérales de Santo-Giovanni Chrisostomo, à Venise, se trouve un tableau qu'il exécuta dans sa quatre-vingt-septième année, et que l'on regarde comme l'une de ses meilleures compositions.

Pendant que l'école de Padoue donnait carrière à son naturalisme fougueux et que celle de Venise faisait de la couleur la qualité dominante de ses productions, les peintres de l'Ombrie cultivaient une espèce d'art ascétique, qui, mêlé de quelques timides essais de réalisme, contrastaient profondément avec les œuvres de tout le reste de l'Italie. Le fondateur de cette école fut Niccolo Alunno, de Foligno, mais Pietro Perugino, le *Pérugin*, comme on l'appelle communément, en fut l'expression la plus puissante. Perugino naquit en 1446, à Citta della Pieve, petite ville d'Ombrie, mais vint s'établir à Pérouse vers l'âge de quarante ans, après avoir étudié quelque temps à Florence, chez Andrea Verocchio. Il y devint bientôt le chef de l'école fondée par Alunno et chercha à mitiger l'ascétisme ombrien par le réalisme plus sage et plus achevé de l'école florentine, ce qui n'empêcha pas une grande exaltation religieuse de caractériser toutes ses productions. Son dessin est d'une pureté étonnante et toutes ses figures sont d'une naïveté ravissante. On lui reproche d'avoir répété trop souvent les mêmes expressions, les mêmes attitudes et jusqu'aux mêmes mouvements. La galerie du Vatican possède un tableau de son meilleur temps. C'est une madone entourée de quatre saints personnages. Son œuvre la plus importante, une *Descente de Croix*, se trouve dans la galerie Pitti, à Florence. Elle date de 1495. Le Pérugin mourut en 1524. Il eut pour élèves Pinturricchio, Giovanni lo Spagna, et Raphaël, dont nous parlerons bientôt. Deux maîtres, qui, sans appartenir à l'école ombrienne, subirent cependant l'influence du Pérugin, furent Giovanni Santi, le père de Raphaël, et Francesco Francia, dont le principal élève fut Lorenzo Costa.

Grande fut à cette époque l'influence de l'école flamande sur celle de Naples. Le roi René d'Anjou lui-même était élève des Van Eyck. Le chef de cette école, Antonio Solario, surnommé *lo Zingaro*, vivait dans la dernière moitié du xve siècle. Il était, dit-on, forgeron, et se fit peintre pour obtenir la main de la fille de Colantonio del Fiore. C'est ce qui lui a valu le nom de Quinten Messys du Midi, ce peintre flamand ayant également échangé le marteau contre le pinceau pour plaire à la fille d'un peintre anversois dont on ignore le nom.

Le xvie siècle fut pour la peinture ce qu'avait été pour la statuaire grecque le siècle de Périclès. L'étude de l'antiquité ayant achevé ce qu'avait commencé le réalisme un peu sauvage des artistes de la première moitié du xve siècle, l'art de la Renaissance ne tarda pas à atteindre son apogée. Le style élevé, qui caractérise toutes les œuvres de cette époque, était la conséquence naturelle, nécessaire, du sentiment artistique qui animait toute l'Italie.

Léonard de Vinci jeta les fondements de la nouvelle splendeur dont va briller la peinture italienne. Il naquit près de Florence en 1452 et mourut en France en 1519. C'était une de ces natures d'élite qui semblent réunir toutes les aptitudes, comme toutes les perfections. Non-seulement il surpassa tous les sculpteurs et les peintres de son temps, mais il sut encore s'élever à un rang très distingué parmi les savants. L'anatomie, la perspective, la physique, la chimie, la géométrie, lui étaient familières. Il fut architecte et ingénieur, musicien, poëte et improvisateur. On lui doit des inventions sans nombre, et, bien qu'il ne consacrât à la peinture qu'une mince partie de son temps et de ses études, elle lui fut redevable de son émancipation complète. Parti, comme les autres artistes du xv⁰ siècle, de la conception caractéristique et réaliste de la vie, il rendit l'art tout puissant par la forme et sut réunir à l'expression la plus élevée de la beauté la profondeur de l'idée. Il étudia d'abord sous Verocchio, et fut bientôt tellement supérieur à son maître, que celui-ci songea, dit-on, à abandonner la peinture. Il ne nous reste que peu d'ouvrages de sa jeunesse. Appelé à Milan vers 1482, il y exécuta, vers 1499, la statue équestre dont nous avons parlé précédemment, et presque en même temps la célèbre *Cène*, dont il ne nous reste malheureusement que des débris qui suffisent cependant à nous donner une idée de ce que fut ce chef-d'œuvre. Vers la même époque, il exécuta un grand nombre de tableaux, surtout des portraits, entre autres celui de Lucrezia Crivelli, que l'on admire au Louvre, et qui est connu sous le nom de la *belle Ferronnière*.

Léonard de Vinci retourna à Florence en la même année 1499. Il y travailla sans relâche jusqu'en 1513. S'étant rendu à Rome, il quitta cette ville en 1516, pour aller à Paris où l'avait appelé François Iᵉʳ. Ce fut là qu'il mourut trois ans après.

Parmi les élèves et les imitateurs du grand Florentin, nous remarquons Bernardino Luini, Andréa Salaino, Beltraffio, Marco d'Oggione, Francesco Melzi, Cesare da Sesto, Gaudenzio Ferrari, Andréa Solario, Gianantonio Razzi, surnommé *il Soddoma*, et enfin Francesco Caroto. Plusieurs de ces artistes devinrent également de très grands maîtres, *il Soddoma* surtout, dont les œuvres se distinguent par des qualités éminentes d'exécution et de pensée.

Michel-Ange Buonarrotti, que nous connaissons déjà comme statuaire, et qui brille également comme architecte, vint après Léonard de Vinci. On peut dire qu'il fut l'un des peintres les plus puissants et les plus étonnants de tous les temps et de tous les pays, pour la profondeur de la pensée, l'élévation du sentiment et l'énergie de l'exécution. Bien que, de son propre aveu, il cultivât de préférence la sculpture, c'est surtout dans la peinture qu'il a produit ses œuvres les plus complètes et les plus achevées. Il n'exécuta que peu de tableaux proprement dits, sa fougue ne lui permettant pas de s'astreindre aux petites dimensions. Par contre, il peignit beaucoup de fresques, entre autres les deux plus grandes que l'on eût vues jusqu'alors, et dans lesquelles il fit preuve d'une puissance et d'une énergie, devant lesquelles les plus grands maîtres après lui ont été forcés de s'incliner avec respect.

Michel-Ange eut pour premier maître Domenico Ghirlandajo, qu'il effraya par le développement rapide de son talent. Un triptyque représentant la *Sainte Famille*, qui se trouve encore aujourd'hui à Florence, nous donne une idée de sa première manière. Vers la même époque il exécuta une fresque représentant une *Bataille*. Le carton seul de cette composition, qu'il entreprit pour la municipalité de Florence, obtint tant de succès, que Léonard de Vinci en fut quelque peu éclipsé. Appelé à Rome par le pape Jules II, il y peignit les fresques de la chapelle Sixtine, qui ne lui coûtèrent en tout que vingt mois de travail. C'est l'œuvre la plus achevée du maître et peut-être le monument de peinture le plus grandiose de tous les temps. Trente ans plus tard, il peignit, à la prière du pape Paul III, pour la même chapelle, son fameux *Jugement dernier*, dans lequel il s'éloigna plus que jamais de la tradition de l'art chrétien, tout en exprimant sa pensée avec une profondeur et une force que nul autre, avant ni après lui, n'a su atteindre.

Nous avons déjà dit que Michel-Ange a fait peu de tableaux proprement dits : encore ceux qui passent pour être de lui ont-ils été peints par ses élèves, d'après des dessins de lui. L'un de ces élèves, Fra Sebastiano del Piombo, avait appris à l'école de Venise à tirer un grand parti des ressources du coloris, et se servait de ce talent pour revêtir de toute la magie de son pinceau les grandes pensées et les formes gigantesques de Michel-Ange. L'œuvre capitale de del Piombo, une *Résurrection de Lazare*, se trouve à la Galerie Nationale, à Londres. On présume que le dessin en fut également fourni par Buonarrotti. Sebastiano avait d'abord été élève de Giorgione. L'église Santo-Giovanni Chrisostomo, à Venise, possède de lui un *Saint Chrysostome* dans lequel l'influence de Michel

Ange ne se fait pas encore sentir, et qui n'en est pas moins une œuvre d'un mérite transcendant. Pontormo a exécuté aussi quelques compositions du géant de la peinture. Marcello Venusti cherchait à l'imiter. On a de lui une petite copie du *Jugement dernier*. Le plus original des élèves de Michel-Ange fut Daniele da Volterra, qui sortait de l'atelier de Soddoma et de celui de Peruzzi. Son principal ouvrage est la *Descente de Croix* de l'église Trinita de' Monti, à Rome.

Les autres imitateurs de Michel-Ange furent moins heureux que ceux que nous venons de citer. Ils montrèrent la même exagération dans la musculature de leurs figures, le même mouvement fougueux, la même violence d'attitudes; mais, comme ils ne possédaient ni les connaissances anatomiques, ni le sentiment profond, ni la facilité d'exécution, ni les autres qualités du maître, leurs productions laissèrent énormément à désirer et furent plutôt de mauvaises copies que des œuvres dignes des successeurs d'un colosse. Les principaux représentants de cette tendance furent Vasari, à qui l'on doit une excellente *Histoire des Peintres italiens;* Francesco Salviati, Angiolo Bronzino, Taddeo et Federigo Zuccaro. Lorsque ces artistes s'attachent à être eux-mêmes et ne se font pas les copistes serviles de Michel-Ange, leurs tableaux sont quelquefois remarquables, témoin les beaux portraits d'Angiolo. Malheureusement leur manie d'imitation les poussa le plus souvent à sacrifier leur originalité au mauvais goût qui, vers la fin du xvie siècle, devait amener la décadence de l'art italien.

Cependant on aurait tort de croire, que même du temps de Michel-Ange et de Léonard de Vinci, tous les artistes de Rome et de Florence voulussent se contenter de ce rôle d'imitateurs. Il y en eut quelques-uns qui s'obstinèrent, heureusement pour eux, à se frayer leur propre voie et qui y réussirent. Nous devons citer en première ligne Frà Bartolomeo, qui dans le monde s'appelait Baccio della Porta, et vécut de 1469 à 1517. Il étudia d'abord sous Cosimo Rosselli. Plus tard il chercha à s'approprier la profondeur de caractère et le beau coloris de Léonard de Vinci. Déjà il avait produit des œuvres renommées, lorsque la condamnation et le supplice de son ami Savonarole, en 1498, l'affectèrent au point de le jeter dans l'ordre des Dominicains. Les conseils de ses supérieurs l'engagèrent à reprendre ses pinceaux, et lorsque, en 1504, Raphaël vint à Florence, il s'attacha à l'excellent frère, apprit de lui le coloris et lui enseigna en échange la perspective. Frà Bartolomeo traitait supérieurement les sujets de dévotion, et les églises de Florence possèdent beaucoup de ses tableaux. Il a peint peu de fresques. Il eut pour émule Mariotto Albertinelli, dont le style se rapproche tellement du sien, qu'on les confond quelquefois. Andrea del Sarte fut plus original. Sorti de l'école de Pier di Cosimo, il étudia les cartons de Michel-Ange et de Léonard de Vinci, et conserva cependant une manière complétement indépendante. Comme coloriste, il est aussi grand que les Vénitiens. Marc Antonio Franciabigio, qui travaillait avec lui, s'attacha à l'imiter. Ses autres disciples furent Pontormo, Domenico Puligo et Rosso de Rossi, qui mourut en 1541 et peignit longtemps en France.

Les grands génies de la peinture que nous avons vus jusqu'ici étaient pour la plupart sortis de l'école de Florence. Voici venir maintenant un autre artiste phénoménal, qui, pour ses premières œuvres du moins, appartient à l'école ombrienne. Raphaël Santi ou Sanzio naquit à Urbino en 1483 et mourut à Rome en 1520. Ce qui frappe le plus dans l'apparition de ce prince des peintres italiens, c'est la réunion de toutes les aptitudes, de tous les dons de la nature, et sous ce rapport il a une certaine ressemblance avec Léonard de Vinci. Sous d'autres rapports il est sans rival. Ainsi, alors que chez les plus grands maîtres on trouve toujours quelque qualité dominante, soit l'inspiration fougueuse, l'élévation du style, l'expression puissante, la beauté des formes, la profondeur de la pensée ou l'énergie de l'exécution, on peut dire que Raphaël réunissait toutes ces qualités, dont une seule aurait suffi à illustrer son nom. Et non-seulement il les possédait toutes à un degré éminent, mais il savait les faire valoir dans ses œuvres avec un talent si magistral, qu'il en sortait un tout plein d'harmonie presque divine qui étonne autant qu'il ravit.

Le père de Raphaël, qui était lui-même un peintre de talent, fut son premier maître. A sa mort, le jeune artiste entra dans l'atelier du Pérugin. En 1504, n'ayant plus rien à apprendre du chef de l'école ombrienne, il se rendit à Florence. Il y fut accueilli, comme nous l'avons dit, par Frà Bartolomeo. Déjà il avait étudié avec une espèce d'enthousiasme les cartons de Léonard de Vinci et de Michel-Ange. Il compléta ses études en s'appropriant les qualités qui distinguaient les autres maîtres de l'école florentine. Et telle était la puissance de son génie, que, tout en s'assimilant ce qu'il y avait de réellement supérieur dans la manière de ceux dont il étudiait les œuvres, il sut constamment rester original et se créer un style qui n'appartient qu'à lui et dans lequel on ne retrouve rien d'aucun autre maître de l'école italienne.

En 1508, Raphaël fut appelé à Rome par le pape Jules II. C'est de cette époque que datent ses productions les plus admirables, ses madones les plus ravissantes. Il peignit pour le Vatican ces célèbres *Stanze*, qui feront l'admiration de tous les siècles, cette *Ecole d'Athènes*, dans laquelle revit toute la philosophie de l'antiquité grecque, ce *Parnasse*, chef-d'œuvre inimitable, et cette *Jurisprudence*, si riche en beautés de premier ordre. Ces peintures sublimes furent achevées en 1512. Les élèves de Raphaël l'aidaient souvent dans l'exécution de ses grands travaux; mais tous les cartons des différentes fresques sont de sa main.

De 1513 à 1514, il entreprit, à la prière du pape Léon X, une série de dix cartons qui devaient servir de modèles pour des tapis destinés à orner la chapelle Sixtine. Sept de ces cartons se trouvent aujourd'hui au château de Hamptoncourt, près de Londres; mais les tapis, qui furent fabriqués en Flandre, sont dans la galerie du Vatican. Ils représentent les traits les plus saillants de l'histoire des apôtres. Ces cartons sont mis au rang des œuvres les plus achevées de Raphaël.

Léon X lui commanda encore l'ornementation des *Loges*, commencées par Bramante. Raphaël y fit exécuter par ses disciples cette série de scènes de l'Ancien et du Nouveau Testament, appelée la *Bible de Raphaël*. Pendant qu'il chargeait ses élèves de ce travail, il peignait lui-même en 1512, dans l'église Santo-Agostino, la figure colossale du prophète Isaïe, et deux ans plus tard, dans l'église Santa-Maria della Pace, une fresque représentant les quatre Sibylles. Plus tard il exécuta les fresques de la Farnesina. Il fit encore un nombre considérable de tableaux représentant des *Saintes Familles* et des *Madones*, parmi lesquelles la *Madona della Sedia*, au palais Pitti, à Florence, mérite une mention particulière.

Mort à l'âge de trente-sept ans, dans tout l'éclat de son talent, Raphaël laissa plus d'élèves et d'imitateurs qu'aucun autre maître italien. Le style raphaélesque devint le style romain par excellence. Comme toujours, les premiers imitateurs surent conserver dans leurs œuvres quelque chose de la grâce, de la grandeur et de l'harmonie du maître. De ce nombre fut Giulio Romano, qui alla s'établir à Mantoue et qui eut pour élève le Primatice, que François Ier chargea de peindre le château de Fontainebleau. Parmi les imitateurs moins heureux de Raphaël, nous mentionnerons Francesco Penni, Andrea Sabbatino, Polidoro da Caravaggio et Perino del Vaga.

L'un des principaux peintres italiens qui surent conserver quelque originalité à cette époque d'imitation fut le Corrége. Il vint au monde en 1494 et mourut en 1534. Son premier tableau date de 1514. Sorti de l'atelier d'un peintre lombard, probablement de Francesco Bianchi Ferrari, il étudia d'abord Léonard de Vinci, mais se créa bientôt une manière à lui, et devint célèbre. En 1518, il fut appelé à Parme, pour y exécuter des fresques. Son œuvre la plus renommée est un *Saint Jérôme*, connu sous le nom de le *Jour*, à cause de la lumière magique qui éclaire le sujet.

Les élèves du Corrége tombèrent tous dans un maniérisme déplorable. Nous n'en nommerons que deux, Francesco Mazzuola, plus connu comme *il Parmigianino*, et Federico Baroccio.

Pendant le xvie siècle, les peintres vénitiens développèrent de plus en plus le nouveau principe trouvé au siècle précédent, le coloris. Après Giovanni Bellini, ils eurent le Giorgione, que la mort seule empêcha de devenir le rival du Titien (Tiziano Vecellio). Celui-ci, également élève de Bellini, devint le chef de la nouvelle école vénitienne et le premier coloriste du monde. Il atteignit un âge très avancé. Né à Cadore en 1477, il vécut à Venise jusqu'en 1576, et produisit un très grand nombre de tableaux à l'huile. Ses portraits occupent une place distinguée parmi les meilleurs et les plus beaux. Bien qu'il ait exercé une influence considérable sur ses contemporains de toutes les écoles et même sur les peintres qui vinrent après lui, on peut dire qu'aucun de ses élèves ou de ses imitateurs n'est devenu maniériste, ce qui s'explique par les ouvrages et les tendances mêmes du Titien. Comme il prenait toujours la nature pour guide, ceux qui voulaient marcher sur ses traces étaient obligés d'en revenir constamment à ce qui était la véritable source où puisait celui qu'ils cherchaient à imiter. C'est ce dont on peut se convaincre par les œuvres de Bonifazio, Domenico Campagnola, Geronimo

Savoldo, Girolamo Romarino, et Alessandro Bonvicino, plus connu sous le nom de Moretto.

L'école vénitienne produisit encore d'autres maîtres vers l'époque où brillait le Titien. Pordenone, Paris Bordone et Giov. Battista Moroni, élève de Moretto, peuvent être cités comme les principaux de ces maîtres. Même dans la dernière moitié du xvıᵉ siècle, pendant que les autres écoles italiennes étaient en proie à une affectation et à un maniérisme effrénés, suite inévitable de l'imitation aveugle de Michel-Ange, de Raphaël et de Léonard de Vinci, Venise montrait avec orgueil des peintres capables de rivaliser avec les contemporains du Titien. Nous n'avons qu'à nommer le Tintoret (Jacopo Robusti, surnommé *Tintoretto*), qui vécut de 1512 à 1594, et Paul Véronèse (P. Caliari), le véritable héritier du talent de Tiziano Vecellio, né en 1528 et mort en 1588, et dont l'église Santo-Sebastiano, à Venise, possède plusieurs des meilleures toiles. Jacopo da Ponte, qui vivait à la même époque, excella dans la peinture de genre, dont le rôle devait devenir si important dans les pays du nord.

Aux xvᵉ et xvıᵉ siècles, la peinture est également l'art favori des autres peuples de l'Europe. En France, aussi bien qu'en Italie, cet art tend à s'émanciper complétement en devenant plus vrai, et, quoique les peintres ne soient pas aussi nombreux qu'en Flandre ni ailleurs, leurs œuvres nous fournissent la preuve que l'invention des Van Eyck y avait porté ses fruits. C'est toujours la miniature qui y joue le principal rôle, comme les magnifiques productions que possèdent les bibliothèques de Paris en font foi. Les plus belles sont de Jean Fouquet, peintre du roi Louis XI, et ont été exécutées vers 1488. Elles se distinguent par la noblesse du style et le brillant de l'exécution. Par contre, on ne peint presque point de triptyques. Les seuls que l'on connaisse se trouvent à la cathédrale d'Aix et à l'hôpital de Villeneuve, près d'Avignon. Ils sont de la main du roi René d'Anjou, qui, nous l'avons déjà dit, passe pour avoir été l'élève de Jean Van Eyck. Au xvıᵉ siècle, un peintre célèbre, François Clouet, nommé plus communément *Janet*, travaille à peu près dans le même style. Il vivait vers 1550, et peignit des portraits superbes. La plupart de ses contemporains donnaient la préférence au style italien nationalisé en France par quelques artistes que les rois avaient appelés à la cour pour leur confier des travaux importants.

Au xve siècle, l'Espagne n'a pas encore de peinture propre. Elle est obligée d'invoquer le secours des maîtres flamands pour orner ses églises de tableaux religieux. On ne sait pas comment il advint, qu'après les visites réitérées de plusieurs de ces maîtres elle se trouva tout à coup posséder une école indépendante ; mais le fait est que vers le commencement du xvie siècle il y a des peintres espagnols. Ces peintres imitent trop les Italiens, il est vrai, mais ils n'en montrent pas moins beaucoup de talent, surtout ceux qui prennent pour modèle Léonard de Vinci. Luis Moralès, surnommé *el Divino*, qui vécut jusqu'en 1586, a laissé la réputation d'un peintre qui opposa un style sévère quelque peu antique aux influences italiennes. Cependant il ne réussit pas toujours à se soustraire à ces influences. On trouve dans ses productions les indices de cette chaleur extatique qui, plus tard, devint la marque distinctive de l'école espagnole.

Alonso Berruguete , que nous avons appris à connaître comme statuaire, suivit la manière de Michel-Ange. Un autre maître de grand mérite, originaire de Flandre, Pedro Campaña (1503 à 1580), se lança dans la même voie, mais avec plus d'indépendance. Son œuvre capitale fut une *Descente de croix* pour la cathédrale de Séville. Luis de Vargas (1502 à 1568) imita Raphaël, et Vicente Joanez fut même surnommé *le Raphaël espagnol.* D'autres artistes étudièrent plutôt les Vénitiens. De ce nombre furent Alonso Sanchez Coello et Juan Fernandez Navarrete, surnommé *el Mudo*, que l'on considère comme le Titien de l'Espagne. Il vécut de 1526 à 1579.

Au nord de l'Europe, il nous faut chercher le berceau de la peinture de la Renaissance dans les Flandres. Ces riches provinces qui, grâce à leurs puissantes communes, connurent de si bonne heure la liberté, avaient déjà eu quelques peintres de grand mérite avant les frères Van Eyck, qui descendaient eux-mêmes d'une ancienne famille d'artistes. Cependant on ne connaît pas même de nom les maîtres qui précédèrent les illustres inventeurs de la peinture à l'huile. C'est ce qui a fait croire à quelques-uns que la Flandre et la Hollande n'avaient que des espèces de décorateurs employés surtout à peindre des bannières, au moment où fut fondée l'école de Bruges.

Quoi qu'il en soit, c'est aux Van Eyck seulement que l'on place le commencement de l'école flamande. Hubert, ainsi que nous l'avons vu, beaucoup plus âgé que son frère Jean, devint d'abord le plus célèbre ; mais, après sa mort, la gloire de son frère ne tarda pas à éclipser la sienne. C'est que, pendant quelque temps, on a cru pouvoir attribuer à ce dernier des œuvres qui reviennent de droit à Hubert. Quant à l'invention de la peinture à l'huile, nous l'avons dit, on croit avoir des raisons suffisantes pour l'attribuer principalement à Jean.

Hubert Van Eyck appartient encore en partie à l'art symbolique du moyen âge ; mais il unit à la profondeur de pensée qui caractérise cet art des tendances réalistes très prononcées. Ainsi il place ses saints et ses personnages bibliques au milieu de paysages très frais, leur donne les physionomies et même les costumes des Flamands de son époque, et n'emploie presque jamais d'accessoires que ceux qui rappellent son pays. Avec tout cela, il reste sévère et grandiose, et il y a telle de ses figures dont la majesté n'a pas été surpassée. Jean Van Eyck, plus gracieux, plus tendre, était élève de son frère ; il achevait plus minutieusement, mais n'atteignait ni la puissance d'expression, ni la profondeur de pensée, ni la noblesse de son frère. Leur œuvre capitale fut *l'Adoration de l'Agneau*, qui se trouve à l'église de Saint-Bavon, à Gand. Hubert travailla jusqu'en 1426, époque de sa mort, à ce chef-d'œuvre inimitable, qui fut achevé par Jean, en 1432. On ne connaît pas d'œuvres de leur sœur Marguerite.

Les Van Eyck eurent non-seulement pour élèves tous les peintres flamands de leur temps, mais furent imités dans tous les pays et jusqu'en Italie. Peter Christophsen, Geeraert Van der Meere, Hugo Van der Goes, Justus Van Gend, et le plus célèbre de tous, Rogier Van der Weyden, nommé aussi *Rogier van Brugge*, leurs principaux disciples, soutinrent dignement l'éclat de l'école fondée par eux. Ce dernier eut, dit-on, pour élève le fameux Hans Memling ou Hemling, dont le chef-d'œuvre, la *Châsse de Sainte-Ursule*, fut peint et appartient encore à l'hôpital Saint-Jean, à Bruges. Jean Mabuse et Quinten Messys, le forgeron d'Anvers, suivirent d'abord la voie d'Hubert Van Eyck, aussi bien que Rogier Van der Weyden *le jeune*, probablement le fils du précédent. Messys persista seul, sut s'affranchir du fini trop méticuleux qui dépare souvent les œuvres de ses contemporains, étudia plus sérieusement le corps humain et devint l'une des gloires de l'école flamande. Quant à Mabuse, il finit par sacrifier au maniérisme italien. Bernard Van Orley, Jan Van Schoreel, Michel Coxie et bien d'autres donnèrent dans ce travers. Après eux vinrent Lambert Lombard, Frans de Vriend ou Frans

Floris (1520 à 1570), Antonie Moro et Frans Pourbus, qui furent les précurseurs de la nouvelle école, dont Rubens devait être la plus haute expression. Otto Van Veen ou Otto Venius, maître de ce grand homme, appartient également à cette époque de transition.

En Hollande, les principaux imitateurs des Van Eyck furent Albert Van Ouwater, Geeraert Van Harlem et Dirk Stuerbout. Cornelius Engelbrechtsen et Lucas Van Leyden, son élève, appartiennent à la même école. Hieronymus Bosch fut le peintre fantastique de cette époque, qui produisit encore Joachim Patenier (1490 à 1550), le père du paysage flamand. Patenier faisait de ses fonds le sujet principal de ses tableaux. Cette innovation fut adoptée avec empressement par plusieurs de ses contemporains, et le paysage se trouva créé aux Pays-Bas.

L'école allemande qui, avant les Van Eyck, avait eu son maître Stephan, le représentant le plus caractéristique de l'idéalisme, se modifia complétement au contact de l'école flamande, ou plutôt de l'école de Bruges. Bartholomeus de Bruyn est le premier nom que nous rencontrons dans la nouvelle voie. Il appartenait à l'ecole de Cologne et peignit vers 1536 un tableau pour le maître-autel de l'église de Xanten. Les noms des autres maîtres de cette école, qui, les premiers, surent mettre à profit l'invention de Van Eyck, nous sont inconnus. Les autres écoles allemandes, tout en subissant l'influence flamande, restèrent plus indépendantes, témoin Lucas Moser, Friedrick Herlen et Marten Schongauer ou Marten Schœn, l'artiste le plus distingué de l'Allemagne dans la dernière moitié du xve siècle. Il était né vers 1420, à Augsbourg, et avait étudié à Bruges, sous Rogier Van der Weyden. Bartholomeus Zeitblom, d'Ulm, qui travailla jusqu'en 1517, fut, avec Marten Schaffner, l'un des peintres les plus célèbres de l'école de Souabe. Vers le milieu du xvie siècle brille Hans Holbein, fils et petit-fils de peintres de renom. Il passa en Angleterre, où il mourut de la peste en 1554. Holbein, qui était né à Augsbourg, peignit dès sa quatorzième année, et eut assez de talent pour rester original, tout en étudiant les écoles flamande et italienne. Il fut l'un des plus grands peintres de portraits que le monde ait produits.

Christoph Amberger, Nicolas Manuel et Michael Pacher nous conduisent de Holbein à Albert Durer, le génie le plus puissant et le plus profond de l'école allemande au xvie et même au xviiᵉ siècle. Il naquit à Nuremberg en 1471, et eut pour maître Michael Wohlgemuth, l'un des chefs de l'école de Nuremberg. De retour d'un voyage à l'étranger, il s'établit dans sa ville natale en 1495, et y travailla pendant dix ans, non-seulement comme peintre, mais encore en qualité de graveur sur bois et sur cuivre. En 1505 il visita l'Italie et en 1520 les Pays-Bas. Revenu en Allemagne, il produisit un nombre considérable de tableaux, dessins, gravures, et écrivit plusieurs ouvrages importants sur la géométrie, l'anatomie et d'autres sciences. Il mourut en 1528. Georg Penez, Hans von Kulmbach, Bartholomeus et Hans Sebald Beham, Mathias Grünewald et Albrecht Altdorfer furent ses élèves. Quant à Lucas Cranach, qui vécut de 1472 à 1553, et devint en 1504 peintre de l'électeur de Saxe, Frédéric le Sage, il travailla puissamment à répandre l'influence de l'école de Nuremberg sur les autres écoles allemandes. Sans avoir la profondeur de Durer, il plaît par sa naïveté. Il a produit immensément, ce qui fait supposer qu'à l'exemple de Raphaël et de Michel-Ange il ne craignait pas de confier aux meilleurs d'entre ses élèves une partie des ouvrages qui lui étaient commandés.

Après les deux grands maîtres de l'école de Nuremberg, l'art allemand perd entièrement son originalité. Les disciples des contemporains de Durer et de Cranach devinrent presque tous des imitateurs serviles des maîtres italiens ou flamands. Maxing travaillait dans le style de Quinter Messys ; Schwartz et Hans Von Calcar étaient élèves du Titien, qu'ils cherchèrent à imiter de loin, et Rottenhamer s'ingéniait à suivre les traces du Tintoret. Sandrart, qui vint après eux, copiait encore plus complétement les Vénitiens, comme Elzheimer, qui s'était formé à Rome, copiait Houthorst. Ce ne fut que plus de cent ans après Durer que Fischer essaya de revenir au style du peintre-graveur de Nuremberg. Cette tentative isolée ne réussit que pour lui, et jusqu'à Raphaël Mengs nous ne trouvons en Allemagne aucun artiste véritablement allemand. Quant à ce dernier, que nous retrouverons ailleurs, il essaya, avant tout, de marcher sur les traces du Corrége. Ce n'est qu'au xviiiᵉ siècle que les Allemands ont songé sérieusement à se reconstituer un art national.

CHAPITRE V

LA PEINTURE ET LA SCULPTURE DEPUIS LA RENAISSANCE JUSQU'A NOS JOURS.

Au commencement du XVIIe siècle la sculpture inaugure un style nouveau auquel elle reste fidèle pendant près de deux cents ans. Ce style, c'est encore une fois l'Italie qui l'impose au reste de l'Europe. Il a pour but l'effet et pour moyen l'expression énergique jusqu'à l'exagération. Les mêmes tendances dominent en peinture. Seulement, ici, elles produisent une espèce de nouvelle Renaissance presque aussi brillante que la première, tandis que pour la statuaire elles ne mènent qu'à une décadence plus prononcée.

Le sculpteur italien Lorenzo Bernini, qui vécut de 1598 à 1680, est celui dont l'influence s'est fait sentir le plus puissamment pendant les XVIIe et XVIIIe siècles. C'est lui qui poussa jusqu'à ses dernières conséquences le nouveau système inauguré par les successeurs de Michel-Ange. Parmi les innombrables sculpteurs qui se hâtèrent de l'imiter, nous nous bornerons à citer Alessandro Algardi (1598 à 1654). Son bas-relief colossal d'*Attila*, dans l'église de Saint-Pierre, à Rome, bien que d'une exécution magistrale, montre à quelles exagérations singulières on en était arrivé dès cette époque.

Les statuaires français, familiarisés dès les siècles précédents avec l'influence italienne, subirent bientôt celle de Bernini. Ils produisirent des œuvres dans lesquelles une grande élégance s'unissait à une grâce plus ou moins affectée et à un effet extérieur trop théâtral. Les maîtres les plus célèbres ne furent pas exempts de ces défauts. Il nous suffira de nommer Pierre Puget (1622 à 1694), qui travailla longtemps à Gênes et fut l'auteur du *Martyre de saint Sébastien*, que possède l'église de Sainte-Marie da Carignano de cette ville; François Girardon (1630 à 1715), dont les figures de femmes pèchent par une grâce outrée, et qui exécuta la statue équestre de Louis XIV de la place des Victoires; Legros, qui fit pour l'église del Gesù, à Rome, une statue de *Saint Ignace* et une allégorie de la *Foi terrassant l'Hérésie*. Au XVIIIe siècle, Jean-Baptiste Pigalle et Houdon continuent à travailler dans ce style. On a du premier le *Monument funèbre du maréchal de Saxe*, dans l'église de Saint-Thomas, à Strasbourg, et du second la belle statue en marbre de *Saint Brunon*, à Santa-Maria degli Angeli, à Rome. Simon Guillain, né en 1581, a laissé beaucoup de statues dans les églises de Paris. La seule belle qu'il ait faite est celle de Marie de Médicis. Jacques Sarrasin, né en 1590, et Guillain eurent pour élèves les frères Auguier, Louis Lérambert, les frères Marsy, Martin Desjardins ou Van den Bogaera et Corneille Van Cleve.

Les Flamands ont plusieurs statuaires de grand talent pendant la même période. C'est d'abord François Duquesnoy, surnommé *Il Fiammingo* par les Italiens. Il vécut de 1594 à 1644, et fut l'émule de Bernini, avec lequel il travailla à Rome. L'une des plus belles statues de ce temps, la *Sainte Suzanne*, de l'église de Santa-Maria di Loretto, est due à son ciseau. Son élève, Arthur Quellin, produisit un grand nombre d'ouvrages dans un style plein de vie et d'énergie. Un second Arthur Quellin, fils de ce dernier, fut également un grand statuaire. Les deux Verbrugghen, dont l'un, le père, fut élève de Quellin le père, et dont l'autre, Henri-François, fils du précédent, vécut de 1655 à 1724, produisirent des œuvres très estimées.

L'Allemagne a conservé des dernières années du XVIe siècle une foule de monuments funèbres et autres dont les plus beaux se trouvent dans les cathédrales de Cologne, de Mayence et de Wurzbourg. Quelques-uns de ces monuments sont évidemment d'artistes flamands. Ainsi, la *Fontaine d'Hercule*, à Augsbourg, qui date de 1599, est l'œuvre d'Adriaen de Vries, et la belle fontaine d'une des petites cours de la résidence royale, à Munich, a été exécutée par Pieter de Witte, qui avait échangé son nom flamand contre celui de Candido. Faut-il s'étonner après cela que les statuaires allemands des XVIIe et XVIIIe siècles aient subi l'influence des Flamands ? Parmi ceux qui s'attachèrent à conserver une certaine originalité, brillent au premier rang Andreas Schluter (1662 à 1714) et Raphaël Donner. On doit au premier la belle statue équestre du *Grand Electeur*, à Berlin.

Nous venons de dire que les mêmes tendances qui complétèrent la décadence de la statuaire furent la cause d'une espèce de seconde Renaissance pour la peinture. En effet, la peinture du XVIIe siècle surtout est l'un des phénomènes les plus remarquables et les plus brillants de l'histoire de l'art. Pendant que la situation politique de l'Europe laissait énormément à désirer, et que l'absolutisme moderne s'étendait sur presque tous les pays, les peintres sont plus nombreux qu'à aucune autre époque et la peinture prend un développement que l'on s'explique difficilement en présence des indices de décadence que nous avons constatés à la fin du siècle précédent dans plusieurs pays et notamment en Italie.

Les Campi, de Crémone, et les Proccacini, de Milan, furent les premiers à tenter de relever la peinture de l'état d'abaissement dans lequel l'avaient jetée le maniérisme et l'affectation des imitateurs de Michel-Ange, de Raphaël et de Léonard de Vinci. Bientôt Ludovico Caracci fonde l'académie de Bologne et lui donne pour base l'étude des chefs-d'œuvre des meilleurs temps de la peinture italienne. Agostino et Annibale Caracci continuent son œuvre. Ils forment le Dominichino, dont le vrai nom était Domenico Zampieri, et qui vécut de 1591 à 1641. Francesco Albani appartient à la même école, ainsi que Guido René et Francesco Barbieri, surnommé *Guercino*. Nommons encore Giov. Lanfranco, Giov.-Battista Salvi, plus connu sous le nom de *Sasso Ferrato*, Christofano Allori et Carlo Dolci.

Tous ces artistes appartiennent à une phalange à laquelle on a donné le nom d'*éclectiques*, parce qu'ils cherchaient, avec plus ou moins de succès, à se perfectionner en analysant et en comparant ce qu'il y avait de réellement beau, de réellement grand dans les productions de leurs devanciers de tous les temps. D'autres, qui puisaient à une source plus sûre, et qui s'adressaient à la nature, ont reçu celui de *naturalistes*. Nous allons faire connaître les plus célèbres d'entre ces derniers.

Michel-Ange Amerighi, nommé le *Caravaggio*, d'après le lieu de sa naissance, fut le chef des *naturalistes*. Il vécut de 1569 à 1609. Caravaggio fut, en peinture, un véritable enfant de son siècle, énergique, passionné et même quelque peu sauvage. Lorsqu'il a à représenter des scènes religieuses, comme dans les fresques de Santo-Luigi de' Francesi, à Rome, ou dans le grand tableau d'autel du Vatican, il choisit de préférence des figures peu distinguées, mais il sait leur donner un tel cachet de vérité, qu'on oublie en quelque sorte ce défaut capital. Ses toiles les plus heureuses sont celles qui nous initient aux mœurs des vagabonds et des bohèmes de son temps. A Naples, qui devint bientôt le siége principal de l'école des *naturalistes*, nous trouvons, de 1593 à 1656, l'Espagnol Giuseppe Ribéra, surnommé *Spagnoletto*. Il brillait surtout par un clair-obscur magistral, non moins que par l'énergie parfois trop exagérée de l'expression. Salvator Rosa, que nous rencontrerons ailleurs parmi les *paysagistes*, suivit également ces tendances, ainsi que le Sicilien Piétro Novelli, plus connu sous le nom de *Morralese;* le Hollandais Gérard Houthorst, surnommé *Gherardo della Notte*, à cause de sa prédilection pour les effets de lumière; le peintre de batailles Michel-Ange Cerquozzi, et le Français Jacques Courtois ou le *Bourguignon;* enfin Luca Giordano, auquel une rapidité d'exécution merveilleuse avait valu le surnom de *Fa Presto*. Ce dernier vécut de 1632 à 1705.

C'est au xviie siècle que l'école espagnole atteint son apogée, grâce à quelques coloristes qui marchèrent d'un pas sûr dans la voie illustrée par l'école vénitienne et par l'école flamande. Parmi eux brillèrent Francisco Pacheco, de 1571 à 1654; Juan de las Roelas, de 1558 à 1625; Francisco de Herrera, de 1576 à 1662, et Francisco Zurbaran, de 1598 à 1662. L'un des principaux maîtres de l'école de Séville, qui domine à cette époque, est don Diégo Velasquez de Silva, qui vivait de 1599 à 1660. Il abandonna les tendances monastiques et l'emphase de ses prédécesseurs, pour aborder résolûment le naturalisme. De 1618 à 1682, la même école eut Bartolomé Esteban Murillo, que l'on regarde généralement comme le maître le plus illustre de la peinture espagnole. Une autre école, celle de Madrid, brilla par ses excellents peintres de portraits. Nous nous bornerons à mentionner Antonio Pereda et Juan Careno de Miranda, sur la manière desquels Velasquez exerça une influence décisive. Miranda travailla jusqu'en 1685. Claudio Coello appartient plutôt à l'ancienne école espagnole. A Valence, nous trouvons, de 1551 à 1628, Francisco Ribalta, qui s'était formé en Italie en étudiant les œuvres de Fra Sebastiano del Piombino.

Ce qui distingue l'école flamande du xviie siècle de toutes les autres, et même de celles d'Italie, c'est que ses artistes cultivèrent avec succès presque tous les genres de peinture connus. Nous nous contenterons d'indiquer d'abord la marche de la peinture d'histoire, nous réservant de revenir ensuite au genre, au paysage et aux autres branches. Aux Pays-Bas, nous retrouvons les *éclectiques* et les *naturalistes*, que nous venons de voir en Italie, et il ne pouvait guère en être autrement, la plupart des grands peintres flamands ou hollandais de ce siècle ayant vu la Péninsule ou en subissant l'influence par ceux de leurs compatriotes qui avaient fait le voyage d'Italie. Faisons remarquer que les Flamands sont en général les *éclectiques* et les Hollandais les *naturalistes* de l'école des Pays-Bas.

Le chef des premiers, le véritable fondateur de l'école flamande du XVIIe siècle, est ce colosse que l'on appelle Pierre-Paul Rubens. Il vécut de 1577 à 1640, et peut être regardé à bon droit comme le digne émule des Michel-Ange et des Raphaël. Sorti de l'atelier d'Otto Venius, à l'âge de vingt-trois ans, il se rendit en Italie et y travailla pendant sept ans à acquérir les grandes qualités qui font de lui l'un des représentants les plus illustres de la peinture. Le nombre de ses productions est immense ; on en compte près de deux mille qui sont répandues dans toutes les contrées du globe. Il peignit dans tous les genres et dans tous il a laissé des œuvres sublimes. Les plus beaux de ses tableaux historiques se trouvent à la cathédrale et au musée d'Anvers. A la cathédrale se voit la célèbre *Descente de Croix*, qui passe pour son chef-d'œuvre. Le Musée possède le *Christ entre les deux Larrons*, la *Communion de saint François*, l'*Adoration des Mages*, l'*Education de la Vierge*, etc. Rubens peignit pour le Louvre une série de vingt et un tableaux, représentant l'histoire de Marie de Médicis. Le musée de Madrid, celui de Vienne, la pinacothèque de Munich, la galerie de Dresde, les musées de Bruxelles, de Londres, etc., puis d'innombrables églises, possèdent de lui des œuvres capitales. — Comme Léonard de Vinci et Albert Durer, Rubens était un savant autant qu'un artiste. Il était même diplomate et a rempli plusieurs missions importantes auprès de différents souverains.

Le principal disciple de Rubens, Antoon Van Dyck, fut encore plus grand comme peintre de portraits que comme peintre d'histoire. Il vécut longtemps et mourut en Angleterre, dans un âge peu avancé. Dans quelques-unes de ses productions il se montre l'égal de son maître ; sorti de l'atelier de Rubens, il était allé également en Italie et n'en était revenu qu'au bout de plusieurs années d'études sérieuses. Parmi les autres élèves de Rubens, on cite Jacques Jordaens, Gaspard

Crayer, Henri Van Baelen, Sneyders, Erasme Quellin, Diepen-
beek, Van Thulden, Juste Van Egmont, Fayd'herbe, David
Teniers, Jean Van Hoeck et une foule d'autres.

Paul Rembrandt Van Ryn, qui vécut de 1606 à 1674, est
certainement la personnification la plus brillante de l'école
hollandaise. Ainsi que Ribéra, il tira ses effets les plus merveilleux du clair-obscur, qu'il sut employer encore plus magistralement que celui-ci, et qui lui permit d'atteindre la poé-
sie la plus élevée, en dépit d'un réalisme parfois effréné.
Frans Hals et Bartholomée Van der Helst, ses contemporains,
furent des maîtres distingués. Parmi les imitateurs les plus
heureux de Rembrandt, nous devons citer Gerbrand Van den
Eeckhout, Ferdinand Bol, Govaert Flinck et Salomon Konig.

Vers la fin du xvi⁰ siècle, les peintres allemands avaient
perdu tout cachet national, et se bornaient le plus souvent à
imiter les Italiens. Au siècle suivant, sous Joachim von Sandrart, de Francfort, Carl Screta, de Prague, Johann Kupetzky,
de Hongrie, et Balthasar Denner, l'art se fait naturaliste, surtout sous le pinceau du dernier, qui travailla jusqu'au milieu
du xviii⁰. Plus tard, l'Allemagne a quelques éclectiques tels
que Christian Dietrich (1712 à 1774), Tischbein et Bernard
Rode. Raphaël Mengs essaye de la ramener à l'idéalisme.
Comme peintres de portraits, Anton Graff et Angelica Kauff-
man parviennent à se faire un nom. Cette dernière mourut
en 1808.

La peinture française de cette même époque est avant tout
éclectique. Poussin et Claude Lorrain succédèrent à un essaim
d'artistes médiocres qui réussirent à faire dominer les pré-
jugés académiques jusque sous le règne de Louis XIV. Poussin s'enfuit en Italie pour échapper à cette domination. Il y
resta toujours Français. Les qualités qui distinguent ses œuvres sont la profondeur de pensée, une composition très sage
et un sens historique incontestable. Parmi ses tableaux les
plus célèbres, on cite les *Sept Sacrements*, le *Déluge*, l'*Ar-
cadie*, *Diogène*, le ballet de la *Vie humaine*, etc. Poussin
naquit en 1594 et se rendit à Rome en 1633. Rappelé à Paris
en 1640, pour travailler au Louvre, il dut abandonner la tâche
que le roi lui avait confiée, par suite des tracasseries dont le
poursuivirent ses rivaux. Il retourna à Rome en 1642 et y
mourut en 1665.

Valentin, que l'on a surnommé le Caravage français, parce
qu'il aimait à traiter les mêmes sujets que le célèbre peintre

italien, était né à Coulommiers, en 1600, et y mourut à l'âge de trente-deux ans. Nous parlerons plus loin de Claude Lorrain, en nous occupant du paysage. Philippe de Champagne, né à Bruxelles, se distingue particulièrement par ses portraits. Simon Vouet (1582 à 1641) rappelle les Vénitiens et le Caravage. Eustache Lesueur, qui vécut de 1617 à 1655, sut garder son originalité au milieu d'une société et d'un art de convention. A vingt-huit ans, il peignit la belle suite de la *Vie de saint Bruno*, qui le fit nommer membre de l'Académie de peinture en 1648.

Lesueur eut pour antagoniste Charles Lebrun, qui avait étudié la peinture en Italie. Les deux artistes luttèrent d'abord à Notre-Dame. Le premier mois de chaque année, la confrérie des orfévres offrait à cette église un tableau religieux. En 1648, Lebrun, ayant été chargé de l'exécution de ce tableau, fit un *Martyre de saint André* qui eut beaucoup de succès. L'année suivante, Lesueur peignit son *Saint Paul à Éphèse*, qui en eut encore davantage. Mais, en 1651, Lebrun l'emporta de nouveau sur son émule en exécutant le *Martyre de saint Étienne*. Lebrun fut comblé d'honneurs et de richesses par la cour du grand roi, qui n'eut pour Lesueur que dédain et oubli. Cependant ce dernier l'emportait certainement sur son rival, dont la manière un peu théâtrale ne tarda pas à ouvrir la voie à une nouvelle décadence. N'oublions pas de citer Pierre Mignard, dont les portraits ont joui longtemps et jouissent encore d'une réputation méritée.

Au XVIIIe siècle, la décadence inaugurée par les disciples de Lebrun aboutit à François Boucher, le *peintre des grâces*. Watteau et J.-B. Van Loo, Nattier et Lemoine, Lancret et Pater, Chardin et Natoire, enfin Carle Van Loo, furent ses contemporains. Ces maîtres de l'*art charmant* eurent pour imitateurs ou continuateurs Fragonard, né en 1732, et Greuze, en 1726. La famille des Coypel fut encore célèbre pendant le même siècle. Hyacinthe Rigaud, qui vivait vers la même époque, était un peintre de portraits du plus grand mérite.

L'Angleterre, qui n'avait jamais eu d'école, et s'était vue obligée jusque-là de s'adresser aux peintres étrangers pour faire exécuter les portraits de ses grands personnages, eut une école de portraitistes au XVIIe siècle. Cette école, qui se rattachait à Van Dyck, à Holbein et à d'autres artistes célèbres, eut pour chef Peter Lely, dont le vrai nom était P. Van der Faes, et qui naquit à Soest, en Westphalie. Gottfried

Kneller, de Lubeck, vint après lui. Au xviiie siècle, Lebrun et ses imitateurs exercent sur la peinture anglaise une influence désastreuse, comme le prouvent les tableaux historiques de James Thornhill (1676 à 1734). Par contre, l'Angleterre est le premier pays qui, dans la seconde moitié du xviiie siècle, s'affranchit du despotisme niveleur exercé par le célèbre Français. De 1723 à 1792, Josua Reynolds jeta les fondements du coloris, qui aujourd'hui est devenu une des qualités les plus solides de l'école anglaise, et au xixe siècle Benjamin West sut donner, par ses tableaux de batailles, une nouvelle impulsion à la peinture d'histoire.

Nous avons vu que la peinture de genre fut cultivée même par les anciens peintres de la Grèce. Chez les modernes, elle ne le fut que du moment où les artistes s'émancipèrent au point d'oser être réalistes jusque dans leurs tableaux religieux. Cette tendance se fit sentir dans la peinture des Flamands dès le temps des Van Eyck, qui n'hésitèrent pas à donner à leurs saints et à leurs saintes les costumes du xive et du xve siècle. En Italie et en Espagne les tableaux de genre eurent les dimensions des tableaux d'histoire; mais, dans le Nord, les peintres donnèrent la préférence aux petites toiles pour représenter les scènes de la vie journalière. Si nous ajoutons que les maîtres flamands, plus que ceux de toutes les autres nations, traitèrent de bonne heure des sujets pris ailleurs que dans l'histoire ou la Bible, on comprendra que la peinture de genre, bien que née en Italie, a dû se développer rapidement aux Pays-Bas, au point d'y acquérir une importance beaucoup plus grande que partout ailleurs.

Avant la fin du xvie siècle l'école flamande possédait donc toute une pléiade de peintres de genre. C'est d'abord Pierre Breughel *le vieux*, surnommé le *Breughel des paysans*, parce qu'il peignait de préférence des scènes de la vie des campagnards. Il eut deux fils, dont l'aîné, Jean, connu sous le nom de *Fluweelen Breughel*, ou *Breughel de velours*, peignait le paysage, et dont le second, Pierre, surnommé *Breughel d'enfer*, affectionnait surtout les sujets fantastiques. C'est ensuite David Teniers *le vieux*, qui travaillait souvent dans le genre de *Breughel d'enfer*. Il a peint plusieurs *Tentations de saint Antoine* qui surpassent peut-être ce que ce dernier a produit de plus extraordinaire.

Le xviie siècle commence avec le fils de Teniers *le vieux*, David Teniers *le jeune*, l'un des peintres de genre les plus remarquables, non-seulement des Pays-Bas, mais de tous les pays. Il vécut de 1610 à 1690 et fut élève de Rubens. Ses scènes de la vie des paysans sont de véritables chefs-d'œuvre de vérité et de fraîcheur. Il peignait aussi des sujets fantastiques. Ses tableaux sont très nombreux et se payent encore fort cher. Adriaan Van Ostade, qui appartient à l'école hollandaise, peignait également des paysans et avec non moins de succès que Teniers. Nous pouvons en dire autant de son frère, Isaac Van Ostade. Ils eurent pour contemporain et pour émule Adriaan Brouwer, qui excellait dans les scènes de buveurs, de joueurs et d'ivrognes. Joost Van Craesbeck, élève de Brouwer, traitait à peu près les mêmes sujets que son maître, mais avec moins de bonheur. Jean Steen, de Leyde, fut le plus spirituel de tous les peintres de genre hollandais. Il brille autant par l'observation que par le coloris, et passe pour l'un des peintres les plus distingués du xvııe siècle.

Pieter Van Laar, qui étudia en Italie, y reçut le surnom de *Bamboccio*, à cause du talent dont il fit preuve en peignant les mœurs du bas peuple italien. Jean Leducq, qui vécut de 1636 à 1671, prenait pour héros de ses toiles des soldats, dont il avait appris à rendre les allures en servant lui-même comme officier. Vers la même époque, les Allemands cultivèrent le genre. Un peu plus tard, de 1666 à 1742, ils eurent Philipp Rugendas, qui a également retracé avec bonheur la vie des camps.

Gérard Terburg (1608 à 1681) s'adonna à un genre plus élevé. Il peignit les nobles et les riches bourgeois de son temps. Gérard Dow, qui fut élève de Rembrandt, se distingua par son clair-obscur, son beau coloris et son fini presque miraculeux. Gabriel Metzu, Frans et Willem Van Mieris, Gaspard Netscher, Pieter de Hooghe, Adriaan Van der Werf et Gottfried Schalcken suivirent la même voie. Le dernier excellait dans les effets de lumière.

La France possédait vers la même époque un peintre de genre très remarquable dans Jacques Callot (1594 à 1635). Il peignit fort peu, mais grava un grand nombre de sujets avec une énergie, un esprit et une verve inimitables. Plus tard, elle eut Antoine Watteau (1684 à 1721), peintre élégant mais un peu affecté; plus tard encore, Chardin (1699 à 1779) et Greuze (1726 à 1805), qui peuvent rivaliser avec les meilleurs peintres de genre des autres pays. Chardin a du style, de l'élégance et un coloris digne des maîtres flamands et hollandais ; Greuze fut le père du tableau de genre du XIXᵉ siècle. Nous avons déjà parlé de Boucher.

L'Angleterre attendit jusqu'à la fin du XVIIᵉ siècle avant de produire un peintre de genre remarquable. En 1697 naquit Hogarth, qui mourut en 1764 et fut un maître du premier rang, maniant magistralement l'ironie et la satire. Son célèbre *Mariage à la mode* est un chef-d'œuvre que bien des nations envient à l'Angleterre, si pauvre en peintres de renom.

Citons encore quelques paysagistes et peintres d'animaux, de fleurs et de nature morte, avant de terminer cette esquisse par un rapide coup d'œil sur la peinture et la sculpture au XIXᵉ siècle. L'Italie eut des paysagistes célèbres dès le XVᵉ et le XVIᵉ siècle. Annibal Caracci, Albani et Francesco Grimaldi, les Flamands Paul Bril et Mathieu Bril surpassèrent tous leurs prédécesseurs. La France s'enorgueillit à bon droit de Poussin et de Claude Lorrain. Le dernier surtout rivalisa avec les plus célèbres et les plus grands paysagistes de tous les pays. Gaspard Dughet (1613 à 1675), beau-frère de Poussin, fut le digne émule de celui-ci. Il prit également le nom de Poussin. Hermann Swanefield, élève de Claude Lorrain, travailla dans la manière de son maître. Il était Hollandais, ainsi que Johan Both, Adam Pynacker et Herman Zachtleven, qui tous subirent plus ou moins l'influence du grand paysagiste français. Salvator Rosa suivit souvent la même voie, bien qu'il s'en écarte visiblement dans beaucoup de ses ouvrages. Au XVIIIᵉ siècle, la France possède un autre maître très distingué dans Joseph Vernet, surtout remarquable lorsqu'il peint des mers agitées dans ses paysages. L'Angleterre ne peut citer que Thomas Gainsborough.

Aux Pays-Bas, Joachim Patenier et Henri de Bles ouvrent la longue série des paysagistes dès le XVIᵉ siècle. Viennent ensuite Jean Breughel ou *Breughel de velours*, Roland Savery, David Vinckebooms et Judocus de Momper. Rubens peignit quelques paysages dans la manière grandiosement réaliste qui le distingue. Jean Van Goyen occupe la première place parmi les anciens paysagistes hollandais. Il eut pour élèves Adriaan Van der Kabel et Jean Wynants. Rembrandt s'essaya dans le paysage comme un génie de cette trempe devait s'y essayer, c'est-à-dire en maître. Aert Van der Neer et Anton Waterloo appartiennent aux paysagistes hollandais les plus célèbres du XVIIᵉ siècle. Jacques Ruysdael (1635 à 1681) les surpasse tous, à l'exception pourtant de Minderhout Hobbema, dont les toiles sont tout aussi estimées que les siennes. Citons encore Aldert Van Everdingen, qui vécut de 1621 à 1675.

La Hollande eut aussi quelques peintres de marine célèbres. Il nous suffira de nommer Jan Van de Capelle, Jean Peeters, Bonaventura Peters, Willem Van de Velde et Ludolf Backhuizen (1631 à 1709). — Parmi les peintres qui surent étoffer leurs paysages avec le plus de talent, on compte Philip Wouwerman, Johan Miel et l'Allemand Joh. Lingelbach ; Paul Potter, Albert Cuyp, Nicolas Berchem, Johan Hendrik et Philip Roos. — Les Hollandais Pieter Neefs, H. Van Steenwyk et J. Van der Heyden ; les Vénitiens Antonio Canale et son élève, le Canaletto, se sont fait un nom en reproduisant dans leurs toiles des chefs-d'œuvre d'architecture, des vues de ville, etc. — Frans Sneyders, Jean Feyt, Karel Rutharts, Melchior Hondekœter et Weenix devinrent célèbres en peignant des animaux ; Jean Breughel, déjà nommé, Daniel Seghers, David de Heem, Rachel Ruysch et Jean Van Huysum en peignant des fleurs et des fruits. Tous ces maîtres sont ou Flamands ou Hollandais. Parmi ceux qui peignirent la nature morte nous devons citer Willem Van Aelst, Adriaensen et Peter Mason.

Il nous reste fort peu de place pour donner, ne fût-ce qu'un aperçu rapide, de l'histoire de la peinture et de la sculpture au XIXe siècle. Nous allons essayer de resserrer en peu de lignes ce qui exigerait plusieurs volumes, si l'on voulait le traiter avec quelque développement.

L'art de notre temps, n'est qu'un art de transition, et, malgré le nombre immense d'œuvres produites jusqu'à ce jour, il ne paraît pas encore près d'atteindre la place ni la signification qui lui semblent réservées. Dans la sculpture nous avons eu, au commencement de ce siècle, l'illustre Canova, né à Venise, l'Allemand Dannecker, l'Anglais Flaxman, les Suédois Sergel, Bystrom et Jogelberg, auxquels la France peut opposer avec succès le célèbre Chaudet.

Le Danois Thorwaldsen, qui vécut de 1770 à 1844 ; les Allemands Tieck, Shadow, Schwanthaler, Rauch ; les Flamands Willem et Jozef Geefs, Fraikin et Simonis vinrent après eux, pendant que la France montrait avec orgueil Bosio, Rude, Duret, David d'Angers, James Pradier et Barye, et l'Angleterre John Gibson. De tous ces maîtres, les uns vivent encore, les autres sont morts récemment.

L'école de David a exercé une influence décisive sur les

peintres de toutes les écoles, au commencement de ce siècle. David a réagi puissamment contre le maniérisme et le faux goût du xviiie siècle ; mais il est allé trop loin en voulant ramener l'art au temps des anciens. Après lui, Ingres, Gros, Schnetz, Steuben, Eugène Delacroix, Ary Scheffer, Hippolyte Flandrin, Horace Vernet, Paul Delaroche, Léopold Robert, Robert Fleury, Léon Cogniet, Alexandre Decamps, François Biard, Meissonnier, Théodore Rousseau, Paul Flandrin, Troyon, Courbet, Rosa Bonheur et tant d'autres, ont porté haut et ferme le drapeau de la peinture française. Une particularité digne de remarque, c'est que de tous les élèves de David très peu ont continué à marcher dans la voie du maître, preuve évidente que le système de celui-ci était aussi loin de la nature que celui de Boucher et de ses émules. La plupart de ses élèves ont abandonné ses tendances sévèrement classiques pour se lancer dans un réalisme plus ou moins avancé. Il en a été à peu près de même dans les autres pays. Ainsi pas plus les Belges Gallait, de Keyser, Wappers, Wiertz, et la longue liste des paysagistes et des peintres de genre, que les Allemands Cornelius, Friedrich Overbeck, Veit, Wilhelm Schadow, Schnorr, Steinle, Hess, Deger, Rethel, von Kaulbach, Jules Hubner, Bendemann, n'ont rien de commun avec le grand peintre de l'Empire, bien que tous aient été formés à son école, ou aient reçu l'enseignement artistique de l'un ou de l'autre de ses disciples. Depuis une trentaine d'années, la peinture allemande a encore gagné en profondeur. Elle produit aujourd'hui beaucoup de fresques, parfois de dimensions colossales. L'Allemagne a aussi quelques paysagistes célèbres, tels que Joseph Anton Koch, Preller, Blechen, Lessing, Achenbach et Morgenster. La Norwége possède dans le même genre deux peintres de talent, Gude et Leu ; la Hollande, Koekoek. La Belgique a les peintres de genre Leys, Madou, de Block, et Van Schendel, pour les effets de lumière. Elle possède un excellent peintre d'animaux, Eugène Verboekhoven. L'Angleterre se montre très fière de Landseer, Wilkie et Eastlake. L'Italie, si grande autrefois, peut à peine aujourd'hui citer quelques noms peu célèbres. Quant aux peintres et sculpteurs espagnols il n'en existe presque point.

APPENDICE

DE QUELQUES PROCÉDÉS PRATIQUES DE LA SCULPTURE
ET DE LA PEINTURE.

Des indications sur les procédés pratiques employés par les peintres et les sculpteurs aux différentes époques de l'histoire de l'art serviront de complément au travail qu'on vient de lire.

Ainsi qu'on a pu le voir, les anciens statuaires taillaient leurs œuvres dans le bois, la pierre ou le marbre. Ils coulaient dans le bronze leurs statues et leurs bas-reliefs, pour lesquels ils se servaient aussi, mais plus rarement, de l'or et de l'ivoire rehaussés au moyen de pierres précieuses. Les sculpteurs modernes n'ont conservé que le bois, la pierre, le marbre et le bronze, en y adjoignant l'albâtre pour certains ouvrages de petites dimensions.

Pour dégrossir le bloc dont ils veulent faire sortir leurs créations, les statuaires se servent de plusieurs sortes de ciseaux et de marteaux en fer ou en bois. Les parties creuses des draperies se font quelquefois au moyen de forets. Avant d'entamer le bloc, on fait ordinairement un modèle en terre ou en plâtre. La plupart des sculpteurs se contentent même de préparer ce modèle dont ils abandonnent l'exécution, dans le bois, la pierre ou le marbre, à des ouvriers, ou des élèves appelés *praticiens*, et qui ont assez d'habileté pour finir l'œuvre sous la surveillance de l'artiste.

Les anciens connaissaient trois procédés de peintures : l'encaustique, la détrempe et la fresque. Nous dirons quelques mots de chacun de ces procédés.

Dans l'encaustique on mêlait les couleurs à des substances résineuses. Sur un mur soigneusement recrépi et bien sec, on appliquait d'abord une couche d'huile, puis une seconde couche, composée de mastic, de poix et d'autres matières analogues. Devant le mur préparé ainsi, on promenait un réchaud, à face antérieure plate, que l'on appelait *cauterium,* et l'on parvenait à fondre ensemble les diverses substances. Une troisième couche, composée de cire et d'une matière colorante, le plus souvent blanche, était ensuite appliquée sur les deux premières. C'est sur cette troisième couche, appelée *impression*, que peignait l'artiste avec des couleurs à l'eau broyées avec de la cire et de la résine. Sa peinture achevée, il étendait sur le tout un vernis quelconque, car chaque peinture avait, pour ainsi dire, le sien. La dernière opération consistait dans la *cautérisation*, qui se pratiquait de nouveau à l'aide du réchaud, et avait pour but de ne faire qu'un seul corps du vernis, des couleurs, de l'impression et de la couche préparatoire. A cette fin on chauffait le tout, jusqu'à faire suer le mur, c'est-à-dire à réunir toutes les substances par la fusion. Pour donner de l'éclat au tableau, on le polissait à la chaleur d'un faisceau de bougies.

La détrempe n'était autre chose qu'un encaustique d'un emploi plus prompt et plus facile, mais moins durable. Les couleurs étaient fixées au moyen de colle sur l'espace que l'on voulait peindre, et recouvertes du vernis employé dans l'encaustique. La détrempe fut pendant quelque temps en grand honneur chez les Romains, qui peignirent peu à l'encaustique, mais fréquemment à la fresque. Parfois ils employèrent les deux derniers procédés dans le même ouvrage.

Voici comment se pratiquait la fresque des anciens : sur la couche de mortier bien polie formant le dernier crépiment d'un mur, ils appliquaient, avant qu'elle fût séchée, des couleurs détrempées à l'eau et mêlées à un peu de chaux. La couleur, pénétrant dans le mortier, se durcissait avec lui et finissait par ne faire qu'un seul corps avec le crépiment. On polissait le mortier fait avec de la poudre de marbre, qui lui donnait une dureté et un éclat incomparables.

Les artistes du moyen âge connaissaient et employaient ces trois procédés, dont les deux premiers furent détrônés par l'invention de la peinture à l'huile. Cependant la fresque a continué à être employée jusqu'à nos jours, avec des modifications plus ou moins grandes. En Allemagne, certains artistes ont trouvé des procédés qui diffèrent essentiellement de ceux des peintres de l'antiquité et du moyen âge.

Au moyen âge on peignait sur le bois, le cuir et la toile. C'étaient tantôt des toiles libres, tantôt des toiles collées sur bois. On appliquait souvent sur certaines parties des feuilles d'or ou d'étain que l'on recouvrait ensuite de glacis légers. Plus tard on a peint aussi sur ivoire et sur cuivre et même sur des plaques de marbre.

La mosaïque est l'art de composer ou plutôt d'imiter des tableaux au moyen de petits morceaux de marbre, de pierre ou de verre diversement colorés. Elle était connue des Romains, qui nous ont laissé en ce genre des ouvrages précieux. Au xiiie siècle cet art recommença à fleurir en Italie, et aujourd'hui même on le pratique à Rome et à Florence.

Les peintres en miniature employaient anciennement la gouache et le lavis. Nous devons en dire quelques mots, ainsi que de l'aquarelle.

Dans la gouache on commence par couvrir le fond d'une couleur blanche assez épaisse, et l'on applique les autres couleurs de façon à les unir solidement avec le fond. Toutes ces couleurs sont détrempées à l'eau et mêlées de gomme. Pour le lavis on n'applique pas de couche préparatoire : c'est l'ivoire, le parchemin ou le papier même qui forment le fond, de sorte que les couleurs restent entièrement transparentes. L'aquarelle ne diffère du lavis qu'en ce qu'elle emploie des couleurs différentes, tandis que pour ce dernier on ne se sert que d'une seule couleur, l'encre de Chine, la sépia, le bistre ou quelque autre matière colorante.

La peinture sur verre a commencé par des espèces de mosaïque en verres teints. Plus tard on a trouvé le moyen de nuancer le verre par différents procédés de fusion. Ces procédés furent découverts au xive siècle et employés jusqu'au xviie. Abandonnée pendant de longues années, la peinture sur verre est cultivée de nouveau aujourd'hui, mais sans que l'on ait pu retrouver complétement les méthodes des anciens verriers, bien que l'Angleterre n'ait jamais cessé entièrement de produire des verrières plus ou moins remarquables.

FIN